JOSÉ LUIS VÁZQUEZ BORAU

CARLOS DE FOUCAULD
DE LA INCREENCIA
A LA SANTIDAD

JOSÉ LUIS VÁZQUEZ BORAU

CARLOS DE FOUCAULD
DE LA INCREENCIA
A LA SANTIDAD

EDITORIAL ANAWIM, 2025

Cubierta diseñada por María Giménez-Arnau
Web: mariagimenezarnau.com

ISBN: 978-84-128851-1-8

Dpto. legal: M-2540-2025

Editorial Anawim S.L.
CIF: B-10812618
C/Condesa de Venadito 17, 4ºD
28027 Madrid
Web: anawim.es
Información y propuestas: anawimperiodico@gmail.com

ÍNDICE

Prólogo
Introducción

PRIMERA PARTE:
De la conversión a la conciencia de su vocación

Segunda parte:
Realización de su vocación

Tercera parte:
La entrega definitiva

PRÓLOGO

Con profundo agrado y agradecimiento al hermano José Luis, quien ha permitido que un hermano e hijo de la Comunidad Ecuménica Horeb por él fundada, escriba unas simples palabras sobre esta obra referida a nuestro padre Espiritual, el hermano Carlos de Foucauld, que creo, sin temor a equivocarme, es uno de los padres del desierto de estos últimos tiempos.

Como podrán apreciar en el relato del libro, la historia de este hombre enamorado de Dios a partir de su Conversión —punto de inflexión en su vida tras haber perdido la fe y haberle permitido su Amado volver a encontrarla— inicia un camino de despojo profundo de todo lo material y relaciones del mundo, pero sobre todo una ascesis extremadamente tajante en relación a su propia voluntad libre, para que todo su ser se abra como una grieta honda a fin de que sea llenada solo por la voluntad de Dios de las maneras que él considera Revelación del Espíritu Santo, y sobre todo a través de las personas que conoce, que viven el Evangelio o han bebido de sus aguas, como su director espiritual, el padre Huvelin, las lecturas de Santa Teresa de Jesús, San Juan Crisóstomo, las palabras de su prima, Maria de Bondy, santa mujer, su abad en el Monasterio Cisterciense, las abadesas de Nazareth y Jerusalén, mientras estuvo allí como ermitaño laico.

Podrán entrar a través de los renglones de esta hermosa obra, en detalles sutiles de su simplicidad y su misticismo de alta profundidad contemplativa, y siempre con el objetivo de unirse a su Bienamado y hermano y Señor Jesucristo, como centro de su dimensión espiritual a través de la prolongada Adoración Eucarística, quieta y silenciosa, con Evangelio en mano, y la puerta de su Ermita abierta para el hermano que solicita su ayuda, ya sea alimentos, remedios, escucha, un abrazo.

Y justamente, para esto fue al desierto, para unirse a Jesús y ayudar a salvar almas en el medio del Islam, las más abandonadas, las que están en «el último lugar», sin proselitismos, solo con la amistad, la bondad, el ejemplo, con pocas palabras, las necesarias, y una vida de extrema sobriedad, viviendo la dimensión de Nazaret adaptada al desierto, matriz de su forma de estar en el mundo, y de una alta obediencia a su director espiritual, con la renuncia a su voluntad libre.

Y este último punto, la renuncia a su libre querer, de acuerdo a lo que he podido observar al leer y rumiar detenidamente su vida, es el gran detalle que, como un vértice en la cima de su alma, se destaca en todo este camino espiritual, nada fácil. Y este núcleo vital, creo, desde mi perspectiva, es una verdadera Teología de la Voluntad, que consiste básicamente en trabajar sobre lo que en la actualidad se denomina Fuerza de Voluntad, capacidad de diferir una respuesta inmediata a favor de una a largo plazo y más apropiada, que exige una renuncia inquebrantable a través de un intenso esfuerzo ascético para despojarse del querer propio y, con la ayuda de la Gracia, abandonarse con certeza, y muchas veces en la oscuridad, en silencio y postrado, en los brazos y el querer de su Amado Señor Jesús.

«........lo acepto todo,
con tal que tu Voluntad se cumpla en mí, y en todas tus creaturas.
No necesito nada más Padre........»

Hermano Pablo,
eremita de la Comunidad Ecuménica
Horeb Carlos de Foucauld.

INTRODUCCIÓN

Desde el 11 de agosto de 1905 hasta el 1 de diciembre de 1916, Carlos de Foucauld vivió casi ininterrumpidamente entre los tuaregs de Ahaggar. El destino excepcional de este santo-cristiano vuelto a la fe tras una juventud disipada, su vida de ermitaño en la aridez del Sahara y luego su trágica muerte en plena guerra de los Senusitas, le convirtieron en una figura singular. Casi todos los biógrafos han descuidado lo que se ha llamado la «obra profana» de Foucauld, olvidando que durante toda su estancia en Tamanrasset su trabajo científico representó la mayor parte de su tiempo. En los últimos años, varios autores han roto este silencio, renovando al mismo tiempo la visión que de él podíamos tener. Si el personaje parece más complejo, menos conforme al icono sagrado aún hoy popularizado por la hagiografía, el lugar que podría ocupar la obra científica en su recorrido personal es, para estos autores, objeto de un vivo debate.

Antes de su estancia en el Sahara argelino, Carlos de Foucauld había realizado una exploración de Marruecos donde habían sido registrados algo menos de 700 km de caminos. Además de los ya conocidos, Foucauld reveló más de 2000 km de nuevos caminos y consignó más de 3000 registros de altitudes. Corrigió el levantamiento del curso del río Draa y publicó miles de observaciones, además de mapas y dibujos con los cuales ilustró su libro *Reconnaissance au Maroc* (1883-1884), que le mereció la medalla de oro de la Sociedad de Geografía de París y fue publicado en 1888.

Ya en 1903, Laperrine, un oficial francés y amigo, le invita a ir con él más al sur, hacia poblaciones más aisladas, pero el Hermano Carlos tarda en aceptar, pues teme perder por completo su estilo de vida monástica. En 1904, tras una estancia en Tagghit para cuidar a soldados franceses heridos, se une a un pelotón del ejército, ya que es por aquel entonces la única posibilidad para ir más al sur. En 1905 se establece en Tamanrasset, en el sur de Argelia; desea vivir lo más cerca posible del pueblo. Siente que Jesús le dice: «Es el amor quien tiene que recogerte en mí, no el alejamiento de mis hijos. Veme en ellos» (carnet de Beni Abbés, 1904). Entre 1911 y 1913, hará construir una ermita en el Assekrem, pues el año anterior pasaron por allí muchos nómadas. Pero eso ya no se repite, así que Carlos, encontrando allí poca gente, se quedará muy poco tiempo.

Es el único cristiano en la zona: durante meses no le estará permitido celebrar la Eucaristía, pero Carlos vive muy cercano a los Tuaregs. Presencia del Cuerpo de Cristo en la Eucaristía, presencia en los más pobres, que forman también Su Cuerpo. Es un mismo movimiento de amor, de acogida, de abandono, en el seguimiento de Jesús. De este modo, Carlos descubre de nuevo las intuiciones de los primeros tiempos de la Iglesia. Llega a ser el amigo de los Tuaregs. Su caridad conquista el corazón de todos, de los oficiales franceses, de los tuaregs y de su «amenokal» (jefe) Moussa Ag Amastane al mismo tiempo. Le da valor a la cultura tuareg, transcribe sus poemas, y para preparar el camino a futuros misioneros, lleva a cabo una enorme tarea lingüística de gran calidad científica. También ha empezado a traducir los Evangelios, pero poco a poco se da cuenta que su misión en este mundo no cristiano es seguir convirtiéndose a sí mismo, viviendo hasta las últimas consecuencias el Evangelio.

Al final de 1907, se sufre una época de gran sequía y hambre. Carlos está agotado por el trabajo y desanimado: no ha convertido a nadie, no tiene ningún compañero. Enferma gravemente. Esta vez, es él el pobre, de una pobreza que no ha elegido. Y son los Tuaregs los que lo salvan, compartiendo la poca leche de cabra que les queda. Carlos experimenta en aquel momento la impotencia, siendo dependiente de sus vecinos: se da cuenta que la amistad, el amor a los hermanos, pasa por el intercambio, la reciprocidad. Se abre ahora a una relación aún más humilde y auténtica.

La mirada de Carlos abraza la misión de toda la Iglesia. Escribe mucho, y piensa en la misión que podría ser para cristianos laicos. Con este propósito, entre 1909 y 1913 hace tres viajes a Francia para presentar su proyecto de «Unión de hermanos y hermanas del Sagrado Corazón»: «Cristianos fervorosos, de cualquier condición, capaces de dar a conocer con su ejemplo la religión cristiana, de dar a ver el Evangelio con su vida» (Reglamento–Consejos, 1911-1913).

Como otras obras científicas de Foucauld, las *Poésies touarègues*[1] aparecieron después de la muerte de su autor. André Basset aseguró su publicación en 1925 para el primer volumen y en 1930 para el segundo. El padre Foucauld dedicó los últimos doce años de su vida (1904-1916) al estudio de la lengua y la cultura tuareg. Fue durante la primera parte de su estancia en el Sáhara central cuando recopiló estos poemas. En 1907, Foucauld acompañó durante tres meses una gira militar encabezada por el capitán Dinaux. En esta ocasión, en condiciones no muy propicias, recogió un número considerable de poemas tanto de los tuaregs que acompañaban a la columna como de las poblaciones encontradas. En una carta al Padre Guérin del 31 de mayo de 1907, Foucauld especifica las condiciones y el interés de esta fabulosa colección:

> «Retenidos de memoria, estos son los únicos textos fijos que tienen los tuaregs: son documentos preciosos para la gramática y el léxico. Para la gramática, se dibuja allí, en caso de duda, ejemplos; para el léxico, hay muchas palabras que

---

1 D. CASAJAUS (Introducción), *Canciones tuareg. Recopilado y traducido por Charles de Foucauld* (París, Albin Michel, 1997) 308.

no surgen a menudo en las conversaciones. Al llegar aquí, prometí un pequeño salario por los poemas que me traerían: esta promesa, en una época en que el país era pobre, fue suficiente para llenar mi tienda durante un mes. También me dijeron, de los *douars*[2] vecinos, que querían que los visitara para que las mujeres a su vez me regalaran poemas. Por lo tanto, he estado varias veces en *douars*, pasando horas debajo de un árbol o en una tienda de campaña, en medio de todos los niños y mujeres, escribiendo versos y haciendo pequeños regalos»

Pero recopilar estos poemas fue solo un primer paso. Posteriormente, durante varios años, en paralelo a su Diccionario Tuareg-Francés[3], Foucauld trabajó para traducir los poemas recopilados y rodearlos de un importante aparato crítico. Este agotador trabajo no terminará hasta el 28 de noviembre de 1916, dos días antes de su muerte. El resultado será acorde con el trabajo realizado. En su edición original, las *Poésies touarègues* presentan 575 piezas (es decir, 5.670 versos). Para cada uno, Foucauld proporciona una traducción palabra por palabra, una traducción explicativa y una traducción al francés fluido. Además, cada poema va acompañado de una introducción en la que se especifica el contexto en el que fue compuesto. Algunos de estos textos son, además, notables documentos históricos y etnográficos. Finalmente, también se proporciona información sobre la mayoría de los 274 poetas enumerados. Obra notable si la hay y es fácil comprender que estos dos

---

2 En Argelia el término *douar* designa un pueblo rural de menos de cuatrocientos habitantes.
3 C. DE FOUCAULD, *Dictionnaire touareg-français (4 volumes): Dialecte de l'Ahaggar* (Editions L'Harmattan, 2005)

volúmenes sigan siendo una referencia imprescindible para todo aquel que se especialice en el estudio del mundo tuareg.

Hemos querido destacar en la introducción de este libro el lado científico del «amigo de los tuaregs», como característica de la personalidad de Foucauld, independientemente de su posicionamiento religioso. Ahora nos toca señalar paso a paso, el proceso religioso de su personalidad. Para tal fin, seguimos de un modo readaptado, simplificado y complementado el libro de Jean François Six, Carlos de Foucauld, itinerario espiritual, (Herder, Barcelona 1988), estructurando nuestro trabajo en tres partes: en la primera, «De la conversión a la conciencia de su vocación»; en la segunda, «La realización de su vocación»; y en la tercera, «La entrega definitiva». Que San Carlos de Foucauld nos acompañe en nuestro caminar evangélico.

PRIMERA PARTE:
DE LA CONVERSIÓN
A LA CONCIENCIA DE SU VOCACIÓN

I
«DIOS MÍO, SI EXISTES, HAZ QUE TE CONOZCA»

Carlos de Foucauld (1858-1916), con veintiocho años, regresa de un largo viaje de exploración de Marruecos. El que fue un niño aristócrata huérfano, cuidado por su abuelo, un adolescente que se alejó de la fe, un joven escéptico y disoluto, un militar sin convicción, un ávido viajero y un brillante explorador, llega «tocado». La constante invocación a Dios de los musulmanes le ha interpelado y llevado a pensar que debía haber algo más grande y verdadero que las ocupaciones mundanas y se convierte en un buscador espiritual. Su prima Marie de Bondy y el padre Huvelin son los instrumentos de Dios para su conversión.

Carlos de Foucauld, el mes de octubre de 1886 siente una profunda necesidad de Dios. Ya no se trata sólo de una verdad a aprender, sino de una persona a la que encontrar: «Si existes, haz que te conozca». Esta oración no es todavía una conversión. Foucauld se pregunta si la verdad que persigue acaso se puede encontrar en la religión católica. Entonces se propone buscar un sacerdote instruido para que le dé lecciones de religión. Y como sabe que el padre Huvelin da conferencias en la cripta de Saint-Augustin, decide seguirlas. Pero su prima le advierte que el padre Huvelin, que está enfermo, no podrá proseguir con estas conferencias, así que, al día siguiente de esta confidencia, el viernes 29 o el 30 de octubre, Foucauld va a la iglesia de Saint-Augustin para ver al padre Huvelin y pedirle clases de religión. Entra en la iglesia, ve al padre Huvelin, se acerca y le dice que no quiere confesarse, que quiere «lecciones de religión». Pero como el padre Huvelin estaba al corriente de la crisis de Foucauld gracias a su prima, le había visto pasar largos espacios de tiempo en un rincón de la iglesia e intuía la situación interior de las personas, le dice que se arrepienta y confiese sus pecados. Conversión brusca y fulgurante: Dios se convierte para él en una persona viva, trascendente pero presente en su vida. Se trata de una conversión total e incondicionada. Foucauld quiere responder totalmente a esta gracia. El orgullo de Carlos de Foucauld y su voluntad de poder se trasmutan por un deseo de humildad y pobreza. Gracias a su conversión encuentra íntimamente a Jesús Eucaristía. A un sentido muy fuerte de la Trascendencia, Foucauld corresponde con pobreza y humildad ante Dios. Y como él es débil y frágil, se ofrece a Dios con un corazón sencillo.

En los primeros meses que siguen a la conversión, el papel del padre Huvelin consiste, sobre todo, en ayudar a Carlos de Foucauld a ver con mayor claridad su situación interior, que, después de doce años de anarquía, presenta un estado muy caótico. Desde el primer momento el padre Huvelin propone a Foucauld asistir diariamente a la misa y comulgar, pues para el padre Huvelin «en este misterio, nuestro Señor lo da todo, se da a sí mismo todo entero. La eucaristía es el misterio del don, es el don de Dios. Aquí tenemos que aprender nosotros a dar, a darnos a nosotros mismos, pues no hay don mientras no se da uno a sí mismo»[4]

La Eucaristía hace crecer y aviva intensamente en él el deseo de darse totalmente a Dios, de imitar lo más posible a Jesús. Y esto le lleva al deseo de vivir una vida religiosa. Pero el padre Huvelin le hace ver que Jesús le pide un tiempo de maduración y le invita a doblegarse ante una búsqueda larga de la voluntad de Dios: «Si lo que Dios nos pide no tiene límites, es que tampoco los tiene lo que nos quiere dar»[5].

---

4 A. GIBERT-LAFON, *Êchos des entretiens de l'Abbé Huvelin* (Roblot, París 1917) 62.
5 Ibid, 50-52.

II
UNA PRESENCIA SILENCIOSA

En la primavera del año 1886, año de la conversión de Carlos de Foucauld, con veintiocho años de edad, tiene una aspiración a la castidad muy favorecida por el hecho de que vive en contacto con su familia en París: la señora Moitessier vive con sus hijas —las señoras de Bondy y de Flavigny— en su palacio de la calle de Anjou, a unos centenares de metros de la calle de Miromesnil, donde reside en este momento Foucauld. El éxito y la gloria de la exploración de Marruecos no tuvieron mucho peso en la reconciliación de la familia con Foucauld, pero la señora Moitessier tenía mucho cariño por él. Por su parte Carlos de Foucauld recobra la admiración por su tía y su prima, considerando este sentimiento como una gracia de Dios en la preparación de su conversión:

«A ellas, vos les inspirabais recibirme como al hijo pródigo, a quien no se le hacía siquiera sentir que hubiera jamás abandonado el techo paterno. Vos les dabais la misma bondad que hubiera podido esperar de no haber faltado nunca... Yo me estrechaba más y más junto a esta familia querida. Vivía allí en tal ambiente de virtud, que mi vida retornaba a ojos vista. Era la primavera que volvía la vida a la tierra después del invierno. A este sol suave habían brotado este deseo del bien, este hastío del mal, esta imposibilidad de recaer en ciertas faltas, esta búsqueda de la virtud... Vos habíais arrojado el mal de mi corazón. Mi ángel bueno había vuelto a ocupar su lugar en él, y vos le unisteis un ángel terrestre[6].

---

6 C. DE FOUCAULD, *Écrits spirituels*, (De Gigord, París 1923) 79

Se refiere aquí Foucauld a la virtud, la dulzura, la discreción de María Bondy, que será una influencia esencial para ayudar a Carlos a pasar de la concepción de una virtud estoica y de una verdad abstracta, a la fe, ya que en aquel momento Foucauld leía a filósofos paganos experimentando una profunda decepción. «Vos me dejasteis buscar en los libros de los filósofos paganos, y no encontré en ellos más que vacío y hastío». Es en esta situación, que retoma el libro que su prima le había regalado el día de su primera comunión las *Élévations sur les Mysteres*, de Bossuet, que le hace «entrever que acaso la religión cristiana era verdadera», pero se queda solamente en el plano moral alimentando su proyecto de ascesis estoica:

> «Vos me hicisteis entrever que acaso hallaría allí, si no la verdad (yo no creía que los hombres pudiesen conocerla), por lo menos enseñanzas de virtud, y me inspirasteis buscar en los libros cristianos lecciones de una virtud completamente pagana»[7]

La virtud de su prima María de Bondy atrajo a Carlos de Foucauld a la virtud, pero además le atrajo a la verdad: «Puesto que esta alma es tan inteligente, la religión que cree tan firmemente no puede ser una locura como yo pienso»[8]. Y el 14 de agosto de 1901 le dice en una carta a su amigo Henry de Castries que, ante esta persona tan inteligente y virtuosa, tan cristiana, se había dicho a sí mismo que «acaso esta religión no era absurda». Así, para el hermano Carlos, su prima es el primer instrumento de Dios en su conversión:

> «Puesto que Dios te ha hecho el primer instrumento de sus misericordias para conmigo, de ti proceden todas. Si tú no me hubieras convertido, llevado a Jesús y enseñándome poco a poco, como letra a letra,

---

7 Ibid., 79.
8 Ibid., 79.

todo lo que es piadoso y bueno, ¿estaría hoy dónde estoy?»

Y concluye:
«Por ti volví, después de trece años de alejamiento a la Eucaristía, a la sagrada mesa, en este querido Saint-Augustin, en octubre de 1886; por ti conocí las exposiciones del Santísimo, las bendiciones y el Sagrado Corazón» (Carta enviada a la Sra. de Bondy el 15 de abril de 1901)

¿Cuál fue el método que utilizó su prima para enseñarle «letra a letra» el amor de Jesús? Callando y dando testimonio por la vida. Al recordar las «misericordias» de Dios los últimos meses antes de su conversión, Carlos escribe en noviembre de 1897:
«Todo esto, Dios mío, era obra vuestra, obra exclusivamente vuestra... Un alma hermosa os secundaba, pero por su silencio, su dulzura, su bondad, su perfección. Se dejaba ver, era buena y esparcía su perfume atrayente, pero no obraba»[9]

Jacques Maritain, haciéndose eco de este testimonio afirma:
«Un acto de verdadera bondad, el menor acto de verdadera bondad es, a decir verdad, la mejor prueba de la existencia de Dios. Pero nuestra inteligencia está demasiado agobiada por nociones etiquetadas para poderlo ver. Entonces lo creemos por el testimonio de aquellos en quienes la verdadera bondad irradia de manera que nos maravilla»[10]

---

9 Ibid., 87.
10 J. MARITAIN, *Approches de Dieu* (Alsatia, París 1953) 117.

III
LOS PADRES DEL DESIERTO

Cuando en 1887 Carlos de Foucauld se orienta hacia qué orden debe de entrar, podemos adivinar hacia dónde va su inclinación viendo los libros que pide el 30 de junio a su editor Challamel. Le pide que le envíe *Les Moines d'occident*, de Montalembert, y las *Vies des Peres du Désert*, traducidos por Arnauld d'Andilly. ¿Cuáles son los criterios de su elección? Carlos de Foucauld quiere darse totalmente y el desierto se le presenta como el lugar de la fe desnuda y de la renuncia incondicionada. ¿No nacieron las órdenes monásticas de la estancia de sus fundadores en el desierto? San Benito estuvo en Subiaco y san Francisco se retiró al Alvernia. Los cartujos se instalan en la soledad y los carmelitas la buscan como su morada primera. Carlos de Foucauld desea vivir, como ellos, para la sola adoración y entrega a Dios.

Pero el criterio más importante y único, en definitiva, es el Evangelio. Por esto también encarga la *Vie de Jésus*, del padre Fouard. Esta elección es muy significativa, pues dará paso a la meditación constante de los Evangelios, leídos y releídos sin cesar. De ahí que Foucauld se ponga a escrutar los hechos y gestos de Jesús para encontrar el «modelo» que ha de determinar la elección de la orden que escoger. Así se lo dice a su amigo Henry de Castries:

> «No sabía qué orden escoger. El Evangelio me hizo ver que el primer mandamiento es amar a Dios con todo el corazón y que todo ha de encerrarse en el amor. Ahora bien, todo el mundo sabe que el primer efecto del amor es la imitación. Tenía, pues, que entrar en la orden en que hallara la más perfecta imitación de Jesús» (LHC,14 de agosto de 1901)

Este texto es capital, pues todo el itinerario espiritual de Carlos de Foucauld tiene por base a Jesús, a quien quiere imitar y amar sin medida. De ahí que busque, con pasión, en los Evangelios, las palabras y hechos de Jesús, a fin de conformarse a ellos lo más exactamente posible. Y toda su vida, hasta la muerte será, a pesar de los caminos inesperados, las contradicciones aparentes, los obstáculos, los fracasos y retrocesos, una búsqueda sola y única, continua y continuada, de Jesús.

Dios le había ayudado antes de su conversión, quemando todo lo que le impedía volver a Él. Dios continuará ahora rompiendo uno a uno los lazos que le podían retener, como vemos en el escrito que le envía a su prima, la Sra. de Bondy:

> «Acontecimientos exteriores independientes de mi voluntad me forzaron a desprenderme de cosas materiales que tenían para mí muchos encantos y hubieran retenido mi alma, la hubiesen apegado a la tierra. Vos rompisteis violentamente todos estos lazos, como tantos otros. ¡Qué bueno sois, Dios mío por haberlo roto todo en torno mío! ¡por haber de tal modo aniquilado todo lo que me hubiera impedido ser sólo vuestro...!»[11]

No se sabe exactamente a qué se refiere cuando habla de romper lazos, pero por aquel entonces estaba pendiente de una sentencia judicial que le impedía disponer del dinero necesario para emprender otros viajes. Esto le contrariaba pues pensaba en realizar otras expediciones:

> «Mis ingresos son suficientes para estos gastos extraordinarios pero lo justo —en referencia a los gastos ocasionados por las exploraciones precedentes y el viaje a Túnez—. Así, desde mi vuelta de Marruecos, no he tenido que pedir prestado nada,

---

11 C. DE FOUCAULD, *Écrits spirituels* (De Gigord, París 1923) 83.

pero no he hecho ahorros. Deseo se me levante el consejo judicial que tengo desde hace cinco años... Mientras el consejo siga, no puedo pensar en otros viajes y, estando para salir mi libro, es hora de pensar en nuevas expediciones» (LMB, 9 de agosto de 1887)

IV
LAS ANSIAS DE EXPLORACIÓN VAN DISMINUYENDO

El libro *Reconnaissance au Maroc*, de Carlos de Foucauld, sale al público el 4 de febrero de 1888 y obtiene un éxito espectacular. A partir de ahí Foucauld se hubiera podido presentar en diversos salones y dejarse festejar. Pero estas recepciones no le dicen ya nada.

En este momento, en lugar de estar eufórico por sus logros, aparece ante los que le rodean inquieto y poco expansivo. Hay que recordar que en febrero de 1886 Foucauld se había instalado en una habitación de la calle Meromesnil, n° 50, cerca de la iglesia de Saint Agustin y que durante los meses de septiembre a octubre viaja al sur de Túnez y vuelve bruscamente a París, donde pasará largas horas en la iglesia repitiendo: «Dios mío, si existes, haz que te conozca». Llegando, por fin, al 29 o el 30 de octubre, cuando se confiesa ante el padre Huvelin y comulga en Saint Agustin: «Apenas creí que había Dios, comprendí que solo podía vivir para Él».

Hay que recordar que por aquel entonces Carlos de Foucauld estaba muy molesto por la disposición judicial que le impedía tener todo el dinero que le hacía falta, pensando en otras posibles expediciones. Así se expresaba ante la Sra. Bondy el 9 agosto 1887 en la carta citada más arriba (cf pp 26-27).

Dios le había ayudado antes de su conversión a quemar todo lo que le impedía volver a Él. Dios continúa ahora su obra rompiendo uno a uno los lazos que pudieran retenerlo para una entrega total a Él:

«Acontecimientos exteriores independientes de mi voluntad me forzaron a desprenderme de cosas materiales que tenían para mí muchos encantos y hubieran retenido mi alma, la hubiesen apegado a la tierra. Vos rompisteis violentamente todos estos lazos, como tantos otros. ¡Qué bueno sois, Dios mío, por haberlo roto todo en torno a mí! ¡por haber de tal modo aniquilado todo lo que me hubiera impedido ser sólo vuestro!»[12]

Duveyrier, el gran explorador, es su único amigo en esta época, como lo expresa en una carta que le envía diciendo: «su amistad es la única, fuera de mi familia, que he trabado después de tres años que estoy en París.» Y Foucauld le confiesa su estado de ánimo: «su amistad es uno de esos lazos, tan dulces, que permiten ver la vida a una luz más serena a ciertas horas» (Carta a Duveyrier, 2 de octubre de 1888). Y, cuando una tarde de febrero de 1888, Duveyrier tiene que recibir a Foucauld, previene delicadamente a Maunoir, otro geógrafo a quien invita junto con el explorador de Marruecos, del estado de éste:

«Siento verdadero afecto hacia el señor de Foucauld. Es una naturaleza de selección. Es un hombre, me temo, o atacado de una enfermedad definitiva, o profundamente herido en sus afectos. Me permito escribírselo... porque merece se le tenga consideración»[13]

---

12 Ibid., 83.
13 FOUCAULD, CHARLES DE/GORRÉE GEORGES, *Charles de Foucauld intime* (La Colombe, Editions du Vieux Colombier, París 1952)

Los proyectos de exploración parece que comienzan a esfumarse. El 24 de mayo de 1888, Foucauld escribe a Maupas, secretario de McCarthy en la biblioteca de Argel:

«Sigo ocupándome vagamente de los países musulmanes con intención de viajar aún por allí, leo árabe y estudio a grandes rasgos las comarcas del Levante; pero no tengo ningún proyecto fijo y no pienso salir de Francia este año»

El 12 de junio de 1888 vuelve a escribir a Maupas diciendo que

«todavía no hemos tenido este año un tiempo caluroso. Este desgraciado París no ve más que un cielo gris y no respira más que aire frío. Si echo vivamente de menos a los buenos amigos dejados en Argel, también echo de menos el cielo azul, el sol, el día espléndido»[14]

Ya no expresa aquí el deseo de consagrarse a «nuevas expediciones». Sin embargo, continua con la nostalgia de los viajes, la nostalgia de la luz, el horror a los compromisos mundanos y también el horror a la tiranía de las ciudades. Da la impresión de que está en la noche y a la espera de dónde Dios le quiere indicar y orientar sus pasos.

V

ELECCIÓN FUNDAMENTAL

El 15 de octubre, mientras que Carlos de Foucauld se encuentra en el Carmen de Saint-Denis, oye un sermón del

---

14 G. GORRÉE, *Sur les traces du père de Foucauld* (La Colombe, París 1953)

padre Soyer, su director espiritual en aquel momento, sobre santa Teresa de Jesús, que le impresionó mucho. A finales de septiembre de 1889 había comenzado a leer a la santa, como le dice a su prima en una carta del 20 de septiembre: «Acabo de comprar las *Fundaciones* de santa Teresa ¡Qué hermoso es esto!». Y a partir de aquí, este contacto con santa Teresa de Jesús es capital para su evolución espiritual.

Los escritos de la santa serán para él, durante mucho tiempo, casi la única lectura espiritual, aparte de los Evangelios que relee sin cesar. En 1898 escribe al padre Huvelin: «Desde hace diez años, puede decirse que no he leído más que dos libros: santa Teresa y san Juan Crisóstomo. El segundo apenas lo he comenzado; el primero lo he leído y releído diez veces». Y a estos textos se referirá constantemente para juzgar su vida espiritual.

El 20 de octubre se traslada a Notre-Dame des Neiges. Allí pasa diez días confrontando su llamada con la vida que llevan los monjes de la abadía. A su vuelta tiene una vacilación de la última hora. Su prima, la señora Bondy, admirablemente atenta, comprende, en octubre de 1886, esta última inquietud, y le aconseja hacer un retiro en la villa de Manrése: «Aquel retiro de Clamart, que te debo a ti, me hizo un bien extremo», le dice en carta a su prima el 26 de abril de 1890. Allí hace una elección muy precisa bajo la dirección del padre Soyer. Después de su peregrinación y su larga búsqueda, el padre Soyer aparta sus miedos y pone de nuevo a Carlos de Foucauld frente a su vocación.

En la elección de Clamart hay una cristalización de todas las búsquedas anteriores: la resolución de entrar en la Trapa:

«Es cosa decidida y como tal te la anuncio. Entraré en el monasterio de Notre-Dame des Neiges, donde estuve hace algún tiempo... ¿Cuándo? Todavía no está fijado. Tengo diversas cosas que arreglar. Tengo sobre todo que ir a deciros adiós. Pero, en fin, esto no puede ser excesivamente largo»[15]

El 11 de diciembre va a Dijon, a casa de su hermana, la señora Blic. Pasa por Nancy el 18 de diciembre, y vuelve a París. Entonces hace donación a su hermana de todo lo que tiene. El padre Huvelin decía un día en una de sus conferencias, el 14 de diciembre de 1878, que es siempre empresa delicada intentar seguir el desarrollo de una conversión:

> «No se llega nunca a conocer plenamente la historia de una conversión, ni aun de la propia. Se ve bien todo lo que la ha preparado, pero nada más. La acción de nuestro Señor es en extremo variable. Se verá el hastío; pero el hastío prepara, no une[16]. El mero dolor no trae consigo la conversión. Es menester el trabajo de la gracia (...). La saciedad es también una preparación para la conversión, pero no es aún ese golpe misterioso que hace caer el árbol del lado de Dios. En toda conversión hay algo divino imposible de explicar»[17]

VI
EL DÍA MÁS IMPORTANTE

Carlos de Foucauld menciona en su cuaderno íntimo el día 15 de enero de 1890 como uno de los más importantes de su vida. Busca cómo hacer la inmolación más absoluta y, por fin, la encuentra:

---

15 Ibid., 70.
16 ABBÉ HUVELIN, *Quelques directeurs d'âmes au XVIIe. siecle* (Lecoffre, París 1925) 230.
17 Ibid., 232.

«Sed de haceros el mayor sacrificio que pudiera haceros, dejando para siempre mi familia, que constituía toda mi dicha, y yéndome a vivir y morir muy lejos de ella»[18]

¿Como transcurrió ese día? A las siete menos cuarto está en la calle Laborde, en casa del padre Huvelin, que está muy enfermo. A las nueve, marcha con la señora Bondy a la iglesia de Saint-Augustin. Asisten a la misa celebrada en el altar de la Virgen, donde Carlos de Foucauld había comulgado la mañana de su conversión, y comulgan juntos en esta misa. Seguidamente vuelven a casa de la señora Bondy, avenida Percier, 10.

Dieciséis años más tarde, en una carta a su prima le dice: «Este día del 15 de enero fue para mí como un día de retiro, una mirada sobre el pasado y el porvenir, un día de resoluciones». A las 14:45 h. va a casa del padre Huvelin y está allí hasta las 15 h. recibiendo la última bendición de su padre espiritual; de regreso, entra en la iglesia de Saint-Augustin y a las 17 horas está de nuevo en la avenida Percier; última conversación entre María de Bondy y Carlos de Foucauld; son los últimos momentos. Foucauld ha decidido no volver a verla nunca ni a ella ni a los suyos. En 1990 escribe a su prima recordando este momento: «A las 18:55 en París estaba sentado junto a ti en tu salón, mirándote unas veces a ti y otras al reloj de péndulo... ¡Cómo recuerdo este día!». A las 19:10 la separación. La señora Bondy lo bendice al marchar y él se va «llorando» (Carta a su prima del 15 de enero de 1895).

A finales de 1889, el padre Huvelin le envía una estampa de san Juan de la Cruz y, al dorso, escribe estas palabras del místico español: «Trabajar, sufrir y callar»,

---

18
☐ C. DE FOUCAULD, *Écrits spirituels*, de Gigord, París 1923, 83.

escritas en Granada el 22 de noviembre de 1587. Estas palabras le impresionan mucho y las guardará muy fielmente, pues en una carta a su prima de 29 enero 1916, el año de su muerte, le habla de esta estampa que le dio su director espiritual. «El sacrificio, mi verdadero, mi único sacrificio es el alejamiento», le dice a su prima el 3 de marzo de 1895. Esta separación fue para él terrible:

> «Sacrificio que, a lo que parece, me costó todas mis lágrimas, pues desde entonces, desde aquel día, ya no lloro; parece que no tengo ya lágrimas, si no es algunas veces al pensar en él... La herida del 15 de enero sigue siendo la misma... El sacrificio de entonces sigue siendo el sacrificio de cada hora...»[19]

Y el 15 de enero de 1895 anota: «¡Esta tarde, a las 7:10, hará cinco años! Yo renuevo esta ofrenda entera de mí mismo».

En su conversión, Carlos de Foucauld había reconocido la grandeza de Dios y encontrado a Jesús. Había comprendido que la única respuesta posible era un don total de sí mismo al Padre, a ejemplo de Jesús, que se hizo obediente. En Tierra Santa había mirado a Jesús, pobre, niño, desconocido, despreciado, condenado a muerte. El acto del 15 de enero de 1890 está en la línea de la búsqueda de Jesús: el que entra en Notre-Dame des Neiges, lo hace para tributar a Dios el homenaje del mayor sacrificio que pueda realizar, imitando lo más totalmente posible a Jesús oculto, humillado y crucificado.

---

19 G. GORRÉE, *Sur les traces du père de Foucauld* (La Colombe, París 1953) 71

VII
DE LA TRAPA DE NOTRE-DAME DES NEIGES A LA TRAPA DE AKBÈS

El 16 de febero de 1890 Carlos de Foucauld ingresa en la Trapa de Notre-Dame des Neiges, convirtiéndose en el hermano María-Alberico. Se adapta bien al ritmo de la Trapa, pero siente la separación material de los suyos, pese haber recibido muchos consuelos divinos. Esta separación se agravará cuando se confirme su marcha a la Trapa de Akbès, en Siria. Le dice a su familia: «Voy a terminar mis días bajo este otro techo» (Carta a su amigo H. Duveyrier, el 24 de junio 1890). Y el 11 de junio del mismo año, le dice también: «El convento de Akbès está en un lugar admirable. Situado a ochocientos metros de altitud, domina todo el valle». En este monasterio de Notre-Dame du Sacré-Coeur viven veinte trapenses, incluidos los novicios.

En Akbès, bajo la dirección de Dom Policarpo, el hermano María-Alberico continúa su noviciado comenzado en Notre-Dame des Neiges. Así describe a su maestro de novicios:

> «Dios me da aquí un maestro de una ciencia y de un ejemplo admirables. Es un abad dimisionario. Antiguo abad de Notre-Dame des Neiges, ha venido aquí a terminar su larga carrera. Es el verdadero fundador de esta casa y hace en ella un bien extremo» (Carta a la Sra. Bondy del 11 de noviembre de 1890)

Puede decirse que después del padre Huvelin, el maestro de novicios de Akbès es el sacerdote que más influencia ha ejercido en Carlos de Foucauld. Dom Policarpo le ayudó mucho en la búsqueda de su vocación. Carlos le da gracias al padre Huvelin de haberlo puesto entre sus manos y le confiesa: «Me encuentro muy bien bajo su dirección... Es una dirección fuerte y clara... Es de una bondad extrema y muy delicada, y da el más hermoso ejemplo de regularidad y olvido de sí mismo» (Carta al padre Huvelin, 15 de diciembre de 1890). Seis años más tarde el hermano María-Alberico decía esto de Dom Policarpo:

«¡Cómo se oscurecía, como obedecía, como amaba a los pequeños, cómo se complacía en las ocupaciones más viles, él, tan elevado por la inteligencia, por la ciencia, por la educación, por la dignidad! Su compañía favorita eran los buenos hermanos conversos y los niños pequeños. "Son las almas que van más derechas a Dios" solía decir. Él, tan instruido y que amaba tanto el estudio, ¡con qué delicia se hundía en los más humildes trabajos manuales! Cuando ya no tenía fuerzas para cavar la tierra, lavaba la ropa. Luego tuvo que contentarse con remendarla. ¡Qué edificante era entrar en su celda durante la hora de trabajo y contemplarlo, aguja en mano, zurciendo calcetines!»[20]

Foucauld admiraba ya la vida oculta de Jesús en Nazaret. Y en una carta enviada a Henry de Castries el 21 de julio de 1991, recuerda lo que Dom Policarpo decía:

«Nosotros somos hombres de la oración, los hombres que hemos ido al desierto para tratar más directamente con Dios del gran negocio de la salvación de nuestros hermanos que se han quedado en el mundo»

---

20 J.B. REYDON, *Dom Policarpe* (Gervais-Bedot, París 1897) 74-75.

VIII
UNA CUMBRE EN EL CAMINO ESPIRITUAL

El 2 de febrero de 1892, después de un retiro de ocho días, el hermano María-Alberico pronuncia sus votos simples y recibe la tonsura:

«Desde ayer, soy enteramente de nuestro Señor. A las siete he pronunciado los votos; hacia las once me han cortado algunos mechones de cabellos en la iglesia, luego me han rapado la cabeza, dejándome la corona. Y ya no me pertenezco en nada... Me hallo en un estado que no experimenté nunca, si no es un poco a mi vuelta de Jerusalén... Es una necesidad de recogimiento y silencio, de estar a los pies de Dios y de mirarle casi en silencio. Uno siente, uno querría seguir indefinidamente sintiendo, sin decirlo siquiera, que se es enteramente de Dios, que Dios nos pertenece enteramente. El "¿no es entonces nada ser enteramente de Dios?" de santa Teresa, llena toda mi oración» (Carta a Madame Bondy el 3 de febrero de 1892)

El día de sus votos era un día que el hermano María-Alberico había esperado durante mucho tiempo. Un año antes, pensando en él, exultaba de júbilo, y, en su dicha escribía:

«Siento cada día más que estoy donde Dios me quiere. Dentro de algunos días hará un año que estoy en la Trapa. No puedo por menos de confundirme ante la bondad infinita de nuestro Señor Jesucristo que me ha llamado, me ha traído y me ha colmado de gracias. Dentro de un año haré la profesión. Mi corazón tiene prisa por estar ligado por los votos, pero ya lo estoy por todos mis deseos»[21]

Cómo conciliar esta frase con lo que dirá cinco años más tarde: «Yo no encontré nunca, ni siquiera los primeros días, mi ideal en Notre-Dame des Neiges». Efectivamente, Carlos de Foucauld deseó marchar a Akbès desde antes de su entrada en la Trapa. Estando en Siria y hablando de la Trapa de Notre-Dame des Neiges, escribe: «Si no hubiera tenido la intención de venir aquí, no hubiera permanecido allí» (Carta a Madame Bondy el 15 de agosto de 1896). Pero, ¿la pobrísima Trapa de Akbès, respondía a la esperanza que el hermano María-Alberico había puesto en ella? No. Foucauld quedó decepcionado por Akbès desde los primeros meses de su llegada. El 30 de octubre de 1890 escribe a su director: «Usted creerá que tengo bastante pobreza. No. Somos pobres en comparación con los ricos, pero no en comparación con Nuestro Señor, no como yo lo era en Marruecos o como lo fue san Francisco». Y añade: «Lo deploro, pero sin turbarme». Y encuentra una solución: «Poco a poco, sin llamar la atención, sobre todo cuando sea profeso, si Dios me da vida hasta entonces, podré lograr permisos que me permitirán, a mí, por lo menos, practicar mejor la pobreza» (Carta al padre Huvelin, 30 de octubre de 1890).

El 15 diciembre 1890 le dice al padre Huvelin por carta:

«Al entrar al convento, yo creía que no encontraría más que la cruz, y la abrazaba con alegría para seguir al amado Jesús; pero aun encontrándola (sin ella la vida no sería completa, porque no se asemejaría a la del amado), he hallado tantas delicias que los dolores hacen derramar lágrimas de alegría.

---

21 R. BAZIN, *Charles de Foucauld* (Plon, París 1921) 117

El año1890... en que recibí esta paz maravillosa, en que le plugo mantenerme sin interrupción. Dé gracias por estos primeros once meses de vida religiosa en que Dios me ha puesto en un estado de paz tan admirable que tiene que inspirarme tanto agradecimiento, tanta ternura, tanta fe»

IX
LA IMITACIÓN DE JESÚS POBRE

Carlos de Foucauld lleva ya tres años en la Trapa y no se integra plenamente. Y, en su deseo de comprometerse, no está el propósito de vivir para siempre en la Trapa, sino la voluntad de darse totalmente a Dios. Los votos no son, para él, una inserción más profunda en la orden en que vive, sino una consagración a Dios. La Trapa queda, por decirlo así, relegada a un orden muy secundario respecto a esta donación. Justamente en una carta a su prima el 10 de mayo de 1892 le dice: «¿Te acuerdas de lo que me dijeron en Clamart cuando manifesté mi temor de hallar en la Trapa una dirección poco ilustrada? Se me respondió que era posible, pero que entonces Dios me la daría más directamente». Y el padre Huvelin, ¿no había previsto esta dificultad de adaptación? ¿por qué orientar a su dirigido hacia la Trapa? Su director espiritual había notado muy bien que la vocación de Carlos de Foucauld era excepcional y que, de hecho, no podría realizarse dentro de un marco estrecho. Había visto hasta qué punto su dirigido, antes impulsivo, se había vuelto extraordinariamente unificado por la concentración de todos sus deseos y de todas sus energías en el amor e imitación de Jesús. Es posible que el padre Huvelin pensase que en la Trapa su vocación se conformaría.

¿Cuál es la razón de que se sienta insatisfecho en la Trapa? Porque no se sigue bastante en ella a Jesús pobre y el hermano Alberico tiene miedo de perder el amor del Amado. Estas son sus palabras:

«Se ama tan poco en torno mío la santa pobreza, se ama tan poco la austeridad, hay tan poco deseo de seguir a nuestro Señor al olor de sus perfumes, que temo a veces perder también yo la estima de estas benditas virtudes, o bien perder la estima para con los que me rodean, o perder la una y la otra. Esto me inquieta algunas veces, y acaso no bastante... ¿Qué hacer? (En esto no incluyo, sin embargo, a mi buen padre Policarpo)... Ayúdeme y anímeme. No me deje perder el amor a nuestro Señor» (Carta al padre Huvelin, 8 de julio de 1893)

Puesto que la Trapa no le da el medio de vivir a imitación de Jesús pobre, no ve otra solución que fundar él mismo una orden en que pueda por fin llevar esa vida. El hermano Alberico sabe muy bien que semejante proyecto es una locura y después de exponer su proyecto a su director le dice:

«Cuando pienso en el proyecto lo encuentro perfecto. Seguir el ejemplo y los consejos de nuestro Señor sólo puede ser cosa excelente. Además, es lo que he buscado siempre. Para hallarlo únicamente vine a la Trapa. No es una vocación nueva. Si una reunión de almas hubiera existido hace algunos años, usted sabe que hacia allí hubiera ido directamente. Puesto que no existe ni nada que se le acerque, ni nada que la sustituya, ¿no habrá que intentar formarla? Pero cuando miro el sujeto a quien ha venido este pensamiento y venido tan ardientemente... El sujeto es este pecador, este ser miserable y débil, que usted conoce. Yo no veo en él la materia de que Dios se sirve de ordinario para hacer cosas buenas. Dios emplea buenos materiales para hacer obras buenas. Es. verdad que, una vez comenzado, si el pensamiento viene de Dios, Él dará el crecimiento y hará venir pronto almas capaces de ser las primeras piedras de su casa, almas ante las cuales yo permaneceré, con toda naturalidad, en la nada, que es mi lugar. (Carta al padre Huvelin del 2 de septiembre 1893)

Lo que el hermano María-Alberico quiere que triunfe no es su proyecto, sino el proyecto de Dios. Y espera de Dios su fundación y su crecimiento.

X
LA LOCURA DEL PROYECTO

El hermano María-Alberico presenta sus proyectos de fundación al padre Huvelin el 22 de setiembre de 1893. Comienza por subrayar la permanencia de sus deseos de pobreza total, deseos que han permanecido, a pesar de los acontecimientos, en su integridad original. Luego se pregunta, con magnífico discernimiento espiritual, si Dios le da tales deseos para que se los sacrifique o para que los realice. Estos pensamientos se hacen tan fuertes que no puede callarlos a su confesor Dom Policarpo y le pregunta si eso viene «de Dios, del demonio o de su imaginación» (Carta a la sra. Bondy del 4 de octubre de 1893). Y el consejo que le da Dom Policarpo es «que deje dormir ese pensamiento por ahora sin ocuparse de él, hasta que se presente una ocasión» (Carta al padre Huvelin el 22 de septiembre de 1893).

Carlos de Foucauld finalmente supera esta situación con la siguiente respuesta: es menester que nuestro Señor sea actualmente representado, sea hecho presente, en su vida de

Nazaret. Esto procede de una necesidad vital para el mundo, y el hermano María-Alberico siente en lo íntimo de sí mismo la exigencia que lleva consigo de la imitación total de Jesús. ¿Cómo puede ser que no se viva hoy a Jesús de Nazaret? No hay más que una cosa que hacer: realizarla. Jesús le ordena tal fundación y, sin embargo, somete su proyecto inmenso y humanamente insensato, a la aceptación de su director y de sus superiores: la grandeza de su abandono está a la medida de la grandeza de su deseo. La locura de su proyecto está en relación a su voluntad de vivir oculto.

¿Cuáles son las características de la congregación que quiere fundar? Su fin principal: «Llevar lo más exactamente posible la "vida humilde" que llevó nuestro Señor en Nazaret, y vivirla por su amor: compartir así la dicha de la santísima Virgen y de san José» ¿Por qué medios realizar esa vida? Haciendo lo que nuestro Señor hizo: «todos los ejemplos de su vida oculta»: a) trabajó con sus manos; b) no vivió de limosnas ni de ofrendas, ni «del trabajo de obreros extraños que se contentara con dirigir». Haciendo lo que nuestro Señor aconsejó: «todos los consejos salidos de su boca»: a) no tener propiedad alguna; b) prohibirse todo juicio, toda reclamación; c) darlo todo en limosna, repartirlo todo, viviendo absolutamente al día, privándose lo más posible. Las razones de esta condición de vida son muy positivas: a) para ser «más conformes a nuestro Señor», y b) para «darle lo más posible en la persona de los pobres».

He ahí lo esencial de la vida de Nazaret. Para el hermano Carlos dentro del trabajo mismo se insertan la oración y la meditación: él sabe que el trabajo manual no impide al alma ponerse en armonía con Jesús viviente en Nazaret, con la santísima Virgen y san José; por otra parte, el trabajo, por su sustancia misma, invita a referirse a Jesús obrero; permite también tener cotidianamente lo necesario para vivir en Nazaret.

La evolución de la crisis sigue su curso. Esto es lo que escribe en la carta que envía a su prima la Sra. de Body el 15 de noviembre:

«Estoy esperando. Me hallo en el estado en que estaba antes de entrar en la Trapa, haciendo tabla rasa de todos mis deseos en cuanto a la resolución, diciéndole a Dios con san Pablo: *Quid faciam?* Y esperando la respuesta del padre Huvelin. Siento un deseo ardiente de seguirle más de cerca... Pero ¿es su voluntad? Lo ignoro. Para intentar otra vida tengo que saber que Él lo quiere. Espero con gran paz que se manifieste su voluntad»

XI
EL VALOR DEL TRABAJO MANUAL

Apenas pronunciados los votos, se piensa en hacerle caminar hacia el sacerdocio. Dom Luis de Gonzaga, prior de Notre-Dame du Sacré-Coeur, escribe a la señora Blic, el 22 de agosto de 1892:

«Yo querría que nuestro padre María-Alberico hiciera estudios teológicos, aquí mismo, naturalmente, a fin de que un día pueda ser promovido al sacerdocio. Todavía no le he hablado de este propósito, pero preveo muy bien que tendré que sostener una seria lucha contra su humildad y, en definitiva, es una cosa que, en nuestra orden, no podemos mandar en virtud de obediencia»

Pero ya el hermano Carlos el 28 de abril del mismo año, le había dicho a su prima:

«Te agradezco que pienses en mí en este tiempo, en que quizás comience estudios teológicos. Tendré necesidad de tu ayuda, es un momento muy grave, la entrada en un período crítico, en que han naufragado muchas vocaciones»

Para Foucauld se trata de una nueva vocación que le quieren hacer seguir: «Ante anuncio que se me ha hecho, no he ocultado que no sentía atractivo alguno por esta nueva vocación. He alegado también mi gran ignorancia de las cosas monásticas. Se me ha respondido que era cosa decidida y que empezaría pronto. No he insistido más». Se le hace seguir tres horas diarias de estudios teológicos. Al entrar en ellos, los teme más y más: «Es cosa muy grave. Todavía espero que esto no me conducirá al sacerdocio», escribe a su prima el 28 de febrero de 1893; lo siente como una nueva vocación. Y le dice a su prima, el 17 de mayo de ese mismo año, que desea que no se le lleve al sacerdocio.

Y el 14 de junio le confía al padre Huvelin: «Estudio con gusto un poco de teología, pero con la esperanza de seguir siendo lo que soy». No es que desprecie los estudios teológicos como tales: «Estoy muy contento de estudiar la teología», pero añade, y ello muestra que teme sobre todo el término posible de estos estudios: «Sigo más deseoso que nunca de no llegar a ser sacerdote» ¿Cuál es la razón de esto? Estos estudios no tienen el valor de la abyección del trabajo manual: «Los estudios me interesan —le dice a su prima el 21 de mayo—. Pero no tienen el valor de la práctica de la pobreza, de la abyección, de la mortificación, de la imitación de nuestro Señor, en fin, que da el trabajo manual».

La conclusión de la carta que se acaba de citar lo expresa claramente: «Puesto que los hago por obediencia y he resistido todo lo que debía, es evidente que esto es lo que Dios quiere de mi en este momento».

En una carta al padre Jerónimo de noviembre de 1896, tres años después de un tiempo de extrema soledad y desnudez, le dice:

«Hace tres años tenía muchas dificultades interiores, muchas ansiedades, temores, oscuridades. Deseaba servir a Dios, temía ofenderle, no veía claro, tenía muchas penas. Entonces me puse de todo corazón bajo la protección de nuestra Señora del Perpetuo Socorro, suplicándole guiara mis pasos, como había guiado los del niño Jesús, y que me condujera en todo de manera que no ofendiera a Dios, que fuera, por el contrario, motivo de consuelo para nuestro Señor Jesús, que consolara yo lo más posible a este corazón de Jesús que nos ve y nos ama»

XII
SUS DOS GRANDES INFLUENCIAS

Se trata de su director espiritual y de su prima. La influencia de su director concierne al pensamiento. Foucauld no es de pensamiento sistemático, sino más bien analítico. No entra en las grandes categorías teológicas, sino que más bien retendrá del pensamiento del padre Huvelin frases cortas y especialmente en un punto en que su director insiste: la manera oculta de la manifestación de Dios y de su acción. Y en concreto, la condición cada vez más humillada de Jesús, a medida que se acerca a su pasión. Reflejo de esto es lo que el padre Foucauld escribe, como buen discípulo de su maestro, poco tiempo antes de su muerte el 20 de junio de 1916 meditando Lc 2, 50-51:

«Bajó con ellos y vino a Nazaret: en toda su vida no hizo otra cosa que bajar haciéndose criatura, bajar obedeciendo, bajar haciéndose pobre, abandonado, desterrado, perseguido, ejecutado, poniéndose siempre en el último lugar»

Maria de Blondy llevará a Carlos de Foucauld el impulso espiritual de su época: la devoción al Corazón de Jesús. Así, en una carta que el hermano Carlos escribe a su prima en 1900, afirma: «Otros han podido concurrir, el padre Huvelin sobre todo, a hacerme bien en diversas cosas; pero la devoción al corazón de Jesús, por la gracia de Dios, te la debo a ti sola, absolutamente sola». Un reflejo de lo que está diciendo fue la consagración que hizo de sí mismo al Sagrado Corazón en la basílica de Montmatre en 1889 a los cinco meses de haber regresado de Tierra Santa. A partir de este momento mostrará, a lo largo de toda su vida, una gran devoción al Corazón de Jesús como respuesta a su deseo apasionado de amarlo y de imitar lo más exactamente posible al «pobre artesano de Nazaret».

Es el propio Foucauld que, comentando las Bienaventuranzas de Lucas 6, 20-26 afirma:

«Es el espejo del cristianismo, el retrato de Jesús el que está trazado en estas líneas. Pobreza, penitencia, sacrificio, soportar santamente las persecuciones por el nombre de Jesús; es la historia de Jesús, la historia de todos los santos, el modelo a seguir para cualquiera que quiera santificarse...¡Oh Jesús! Gracias por haber hecho la santidad tan fácil y accesible para todos, gracias por haberla hecho tan dulce, haciéndola consistir en vuestra imitación»[22]

La respuesta del padre Huvelin a sus dudas y proyectos es dura y terriblemente exigente: abajamiento. Hela aquí, tal como Carlos de Foucauld se la resumió por carta del 29 de enero de 1894 a su prima la señora de Bondy:

«Continuar sus estudios de teología por lo menos hasta el diaconado, aplicarse a las virtudes interiores

---

22 C. DE FOUCAULD, *Explicación del Evangelio* (Beni Abbés, 22 de noviembre 1903)

y sobre todo al anonadamiento; en cuanto a las virtudes exteriores, practicarlas con perfecta obediencia a la regla y a sus superiores... En cuanto a lo demás, más tarde se verá. Usted no está hecho, no está absolutamente hecho para guiar a otros»

Tal es la carta que, en su desolación, tanto había esperado el hermano María-Alberico.

XIII
EN LA INTIMIDAD CON JESÚS

Bajo la doble influencia de la dirección de Dom Policarpo y la lectura de las obras de santa Teresa de Ávila, el hermano María-Alberico experimenta «una unión de todos los instantes con nuestro Señor. La sagrada comunión es mi gran sostén, mi todo. Al entrar al convento, creía que no encontraría más que la cruz y la abrazaba con alegría para seguir al amado Jesús; pero aun encontrándola (sin ella la vida no sería completa, porque no se asemejaría a la del amado), he hallado tantas delicias que los dolores hacen derramar lágrimas de alegría» (Carta a la Sra. Bondy, 7 de abril de 1890).

Esta intimidad que vive Foucauld con Jesús trae a su alma una paz extraordinaria. Esta paz no solamente permanece, sino que se amplifica, Así se expresa con el padre Huvelin: «Estoy en la misma paz, esta paz se acentúa cada vez más» (10 de febrero de 1891). En septiembre: «La paz va también en aumento». Y en junio de 1893: «Dios me sigue manteniendo en la paz: me sigue dando la misma dulce vida del alma, haciéndome pensar continuamente en Él».

Esta paz se extiende y permanece viva a pesar de las múltiples pruebas que pasará entre la entrada a la Trapa y la ordenación sacerdotal. En una carta a su amigo Henry de Castries del 14 de agosto de 1901 le confiesa: «Esta paz infinita, esta luz radiante, esta dicha inalterable de la que gozo desde hace doce años...».

1894, 1895, 1896, son tres años difíciles que ponen a prueba la vida del hermano Carlos. Quiere vivir la vida de Nazaret, que se convierte en una llamada lacerante y todo le habla de Nazaret. Así, por ejemplo, en 1894, a comienzos de abril, se le envía para velar a un muerto que está en una pobre choza de una aldea vecina. Y esto es lo que le dice por carta a su prima la Sra de Bondy: «Qué diferencia entre esta casa y nuestras habitaciones! ¡Suspiro por Nazaret!».

El hermano Carlos es el encargado de tocar la campana, un humilde oficio. Y esto es lo que le dice a su prima el 21 de febrero de 1895:

«De mis varios empleos, éste es el que prefiero. Y no es que le tenga mucha afición, pero por lo menos no es muy elevado. Por este lado me gusta. En cuanto a la teología, aunque todas mis ideas siguen siendo las mismas, me interesa mucho... es admirable. Pero ¿sabía mucha teología san José? Mientras me la hagan estudiar, la estudiaré con alegría, con extremo interés y con amor...; pero cuando me la manden dejar, creo que la dejaré con más alegría y amor aún, para no mirar ya más que el banco de carpintero de nuestro Señor»

Después de un breve retiro llega a esta conclusión, como se lo manifiesta por carta a su prima la Sra. de Bondy el 27 de junio de 1895:

«Dios es dueño de mi vida y me la puede quitar en cualquier momento... Pero, por mi parte, consideraré en adelante como una infidelidad y una gran falta de fe no reconocer ahí mi vocación. Yo pertenezco a Dios. Ruégale que disponga de mí según su voluntad, para su mayor gloria y bien de las almas, pídele que le sea fiel... Por mi parte, se lo pido con todo mi corazón... No le pido ya luz sobre mi vocación, sino la gracia de ser fiel a la que me manifiesta, de cumplir la obra que me hace ver. En adelante, creería faltar a la fe y a la fidelidad si no le pidiera esto y me limitara a peticiones vagas»

XIV
SEDUCIDO POR EL ISLAM

Carlos de Foucauld sintió un atractivo hacia el Islam. Así se lo dice a su amigo Henry de Castries el 14 de julio de 1901, un mes después de su ordenación sacerdotal, lo que le permite juzgar con una cierta distancia: «El islamismo es seductor en extremo: me ha seducido con exceso». No se trata de un simple encanto más o menos literario o folklórico. La «seducción» no era por las costumbres árabes, como una moda romántica. La seducción tenía un fondo religioso: «El islamismo me agradaba mucho por su sencillez, sencillez de dogma, sencillez de jerarquía, sencillez de moral», le dice de nuevo a su amigo el 14 de agosto de 1901.

Es normal: para una persona tan independiente como Carlos de Foucauld y que había llevado una vida complicada en sus años de juventud, la sencillez del Islam era muy propia para cautivarle la inteligencia y el corazón. Sin embargo, no se trataba de una simplificación humana totalmente psicológica, sino de un deseo de ser unificado por Aquel que el Islam presenta como el «más grande», el «primero», el que tiene todo poder, el único que puede dar un sentido a la vida del ser humano. Así, el sentido de la grandeza de Dios, que se manifiesta tan profundamente en el Islam, fue lo que impresionó sobre todo a Carlos de Foucauld y fue para él como una invitación a superar el plano de las banalidades humanas en las que se había entregado, para hallar, por arriba, la unidad de alma:

«El Islam me produjo una impresión profunda. La vista de aquella fe, de aquellas almas que vivían en la presencia continua de Dios, me hizo entrever algo más grande y más verdadero que las ocupaciones mundanas: ad maiora nati sumus» (Carta a Henry Castries, el 8 de julio de 1901)

Esto es corroborado por el General Laperrine:
«Esta vida de un año en medio de creyentes convencidos asestó el último golpe al escepticismo de Foucauld, que admiraba la fuerza que todos estos marroquíes sacaban de su fe, lo mismo estos musulmanes fanáticos y fatalistas, que estos judíos inquebrantablemente leales a su religión, a despecho de siglos de persecución»[23]

Carlos de Foucauld encontró personas para las que Dios contaba más que todo. Vio árabes prosternados, que reconocían la mano de Dios sobre ellos. Y, junto a esto, el espectáculo del desierto:

«En esta calma profunda, en medio de esta naturaleza mágica, llego a mi primera estancia en el Sahara. En el recogimiento de noches semejantes, se comprende la creencia de los árabes en una noche misteriosa, Leila el Kedr, en que el cielo se entreabre, bajan los ángeles a la tierra, las aguas del mar se

---

23 LAPERRINE, *Revue de Cavalcrie* (octubre 1913) 4

tornan dulces y cuanto hay de animado en la naturaleza se inclina para adorar a su Creador»[24]

Foucauld estudió el árabe en el Corán, y leyó la enseñanza del profeta: Dios es el único, a quien todo está sometido, al que nada escapa, que tiene derecho a la adoración. Empezó a comprender que sólo Dios importa y que la vida de un ser humano es muy sencilla. La vida ha de consistir en entregarse totalmente al muy grande: Allah akbar. Así, la unificación de la existencia se logra por la entrega incondicional a Dios. Extraño acontecimiento en su vida, esta profundización y esta purificación llevada a cabo por el contacto con el Islam. Ante esta religión, tuvo que situarse a sí mismo, y la fascinación que ejerció sobre él le obligó a distinguirse de ella de forma muy precisa, como le comenta a su amigo Henry Castries el 15 julio 1901:

«Las verdades que pueden subsistir en medio de los errores son un bien y siguen siendo capaces de grandes y verdaderos bienes, lo cual sucede en el Islam»

Así, al mismo tiempo que descubre la parte de verdad que hay en esta religión, Carlos de Foucauld juzga que no está ahí la religión verdadera, porque ve en el Islam una falta de lógica consigo mismo, que no vive íntegramente la parcela de verdad que hay en él y hasta le impone límites:

«Yo veía claramente —continúa diciendo en la misma carta— que el Islam carece de fundamento y que la verdad no está en él. Porque el fundamento del amor, de la adoración, es perderse, abismarse en lo que se ama y mirar todo lo demás como nada. El islamismo no tiene suficiente desprecio de las

---

24 C. DE FOUCAULD, *Reconnaisance au Maroc* (SEGMC, París 1939) 116

49

criaturas para poder enseñar un amor de Dios digno de Dios: sin castidad ni pobreza, el amor y la adoración se quedan muy imperfectos; porque cuando se ama apasionadamente, se separa uno de todo lo que puede distraer, siquiera un minuto, del ser amado, y se arroja y se pierde totalmente en Él...»

Si, el contacto con el Islam, despertó el sentido de la grandeza de Dios en Carlos de Foucauld, que no se detuvo, sin embargo, en ese estadio del «reconocimiento» de la trascendencia, sino que vio las consecuencias de tal actitud de adoración y comprendió que tenía que vivir cada instante en absoluta consagración.

XV
«SOLO DIOS BASTA»

Es innegable que la santa de Ávila, por su ejemplo de vida, ejerció un gran atractivo sobre Carlos de Foucauld. Ella fue su guía predilecta, la que, con su vida, le indicaba lo que Dios quería de él; en ella se encontraba tal como se sentía llamado a ser delante de Dios. Se reconocía de la misma familia espiritual que ella. Además, ambos tenían un temperamento semejante: Una y otro están dotados de una misma alma ardiente, resuelta a desafiarlo todo para llevar a cabo la vocación recibida de Dios. «Jamás retroceder». Caracteres de temple excepcional, que se arrojan sobre los obstáculos y los vencen por su voluntad inflexible, caracteres que se crecen en los combates y hallan, en el riesgo y el peligro, una audacia extrema.

Al entrar en la Trapa, ya había leído gran parte de los escritos de Teresa y había copiado en cuadernitos los pasajes de los escritos teresianos que más le interesaban. Sus propias meditaciones encierran numerosas reminiscencias teresianas. Lee sin cesar sus escritos y los aconseja a sus amigos y a quien quiere adelantar en el camino de la perfección. En una carta a un religioso, el padre Jerónimo, le dice:

«Con gran apuro mío, me permito darle un consejo: leer y releer mucho, continuamente, a santa Teresa, parándose especialmente en lo que se refiere al amor de Jesús y a las verdades religiosas»[25]

En 1909, toma la resolución de leer cada día dos páginas de santa Teresa. Y un año antes de su muerte escribe a su amigo Joseph Hours:

«Comprendo cuánto te gusta la vida de esta gran santa. Después de la *Vida*, lee las *Fundaciones*, el *Camino de perfección*, las *Cartas*, en fin, todas las obras. Todo es en ellas incomparable y, al lado de cosas especiales, por dondequiera se hallan otras aplicables a todos. Después de leerla, la releerás. Santa Teresa es uno de esos autores de que se hace el pan de cada día»

Y el 28 de abril de 1916, el año de su muerte, también le dice a su amigo:

«Jamás se leerá bastante a santa Teresa. Se halla en ella un conjunto incomparable de ejemplos de virtud y una doctrina de seguridad perfecta. ¡Qué espíritu apostólico! Como Dios, su caridad se extendía a todos los hombres. ¡Cómo la conducía el amor a Jesús al de las almas!»

Por su unión con Dios, vivirá más y más en el olvido de sí mismo, en un aniquilamiento cada vez más profundo.

---

25 G. FRANCHESCHI, *Charles de Foucauld* (Dedebech, Buenos Aires, 1950) 332.

Carlos de Foucauld, desde 1908 hasta su muerte, pone por exergo en cada uno de los cuadernos, que constituyen sus diarios, las palabras de la santa: «Solo Dios basta». La santa de Ávila fue la guía predilecta de Carlos de Foucauld, que con su vida le indicaba lo que Dios quería de él. Se reconocía de la misma familia espiritual que ella. Semejanza de temperamento: Teresa y Carlos son dos seres que tienen sed de absoluto. Tienen centrada el alma sobre las máximas realizaciones posibles, porque los dos poseen un sentido eminente de la trascendencia de Dios, ante quien, estas almas excepcionales, se descubren débiles, pero apoyándose en la omnipotencia de Dios, serán un medio para realizar su voluntad. Por su unión con Dios, vivirán más y más en el olvido de sí mismos. Lo que encuentra Carlos de Foucauld en los escritos de santa Teresa en cuanto *verdades religiosas* no es una teología sistemática, aunque su pensamiento es muy seguro. Lo que vemos que Carlos de Foucauld copia en sus cuadernos son *experiencias de vida*, ya que ambos no son personas de abstracción. No son intelectuales, sino temperamentos de acción.

XVI
LO ESENCIAL DE LA VIDA DE NAZARET

¿Cuáles son las características de la familia espiritual que quiere fundar? «Llevar lo más exactamente posible la "vida humilde" que llevó nuestro Señor en Nazaret, y vivirla por su amor: compartir así la dicha de la santísima Virgen y de san José.»

¿Por qué medios realizar esa vida? Haciendo lo que nuestro Señor hizo:

«Todos los ejemplos de su vida oculta: trabajó con sus manos, no vivió de limosnas ni de ofrendas, ni del trabajo de obreros extraños que se contentara con dirigir. Haciendo lo que nuestro Señor aconsejó: "todos los consejos salidos de su boca": no tener propiedad alguna, prohibirse todo juicio, toda reclamación, darlo todo en limosna, repartirlo todo, viviendo absolutamente al día, privándose lo más posible»[26]

Así pues, para María-Álberico en 1893, el trabajo manual sólo tiene un motivo: el hijo de Dios ha vivido el trabajo. Quiso vivir la condición de obrero, y esta condición de trabajador permite eminentemente seguir los consejos evangélicos. Es por esto que no admite en la Trapa que se empleen obreros de fuera, que se tenga propiedad colectiva, que se guarde para el día siguiente y que no se ponga en el centro el trabajo manual. El trabajo, para él, no es cuestión de hacer algo, sino deseo de ser como el Maestro, de obedecer al Padre como le obedeció Cristo, de hacerse de condición humilde. Para él, el trabajo no es ante todo medio negativo de purificación, sino encuentro positivo con Dios, que se hizo trabajador.

A fines de noviembre de 1892, el hermano María-Alberico tuvo un fuerte acceso de fiebre. Se le reconoce un principio de tisis, y se le ordena descanso. El hermano ropero le enseña a remendar y a zurcir. El hermano María-Alberico ora en estos humildes trabajos. Y en este contexto de oración y de trabajo, hallándose en compañía de Cristo y de María, hace una composición de lugar y habla de la vida de Nazaret. El 9 de enero de 1893 escribe a su prima:

«Estoy pensando siempre en nuestro Señor y en la santísima Virgen y vivo feliz en esta querida compañía. Cuando remiendo los vestidos de los

26 FOUCAULD-HUVELIN, *Correspondance inédite* (Desclée, Tournai 1957) 31-32

huerfanitos, me digo a mí mismo cuan feliz soy de hacer este trabajo, tan ordinario, en la casa de Nazaret» (Carta a la Sra. Bondy, 9 enero 1893)

El trabajo manual es la base de la vida de Nazaret. Permite seguir los consejos de pobreza dados por Jesús. Permite no ser avaro de lo que se tiene. Permite que en él esté presente la oración, puesto que se medita sin cesar y se hace compañía a Jesús trabajador. Permite a los ignorantes, a los más pobres, formar parte de la Fraternidad. Y desde ese momento, sólo hay una clase de monjes, puesto que todo el mundo trabaja.

Y la oración ha de sen una oración capaz de ser vivida por los pobres y, por eso, Carlos de Foucauld no quiere la «liturgia complicada de san Benito». Ve «el oficio del coro» como obstáculo para los extraños. Quiere «muchas oraciones», «larga meditación, rosario, santa misa». Habla de «oraciones» en plural; no el oficio sin cesar, sino una oración silenciosa, rezo del rosario, participación en la misa. Sólo cosas sencillas, al alcance de los más sencillos; para él no es cuestión de observancias y ejercicios.

XVII
UNA FUNDACIÓN UNIVERSAL

Al trazar el esbozo de regla, Carlos de Foucauld demuestra que ya es un «hermanito universal», en el sentido de que quiere que la vida religiosa esté abierta a todos. La regla igualmente se hace toda para todos al adaptarse a los más pequeños. Y preocupado por la pobreza, quiere que las fraternidades sean pequeñas, ya que, «los monasterios numerosos toman casi necesariamente una importancia material enemiga de la abyección y de la humildad», escribirá a la señora Bondy el 4 de octubre de 1893. Y, ¿por dónde deben propagarse estas fraternidades? Por todas partes y especialmente entre los pobres: «Entre todas esas misiones de oriente tan aisladas»; «sobre todo en los países infieles, tan abandonados». Y, más adelante, en una carta al padre Huvelin, señala esta precisión: «Deseo verlas extendidas sobre todo en los países infieles, musulmanes y otros»

La extensión es, pues, universal. Se dirige ante todo a los más abandonados, a los más alejados de Jesús, a aquellos hacia los que, de ordinario, no se extiende el mensaje evangélico. Y esos, los más abandonados, son justamente los que él espera acoger en su congregación. No nos engañemos: las fraternidades se extenderán por los países perdidos y evangelizarán por su presencia silenciosa. Y estos monjes serán «las almas de las gentes de esta tierra (de oriente), a las que Dios llama para servirle y amarle a Él únicamente». Todos estos árabes, turcos, armenios a que se refiere son los que van a aumentar el número «de los servidores de nuestro Señor Jesús».

Foucauld tiene, en el fondo, una convicción inquebrantable. El amor de nuestro Señor comprende a todos los hombres, y los pobres son los primeros amados. Y los más pobres pueden y deben ser contemplativos, amigos de Jesús. Por algo el Padre escogió para su Hijo la vida pobre de Nazaret y el Hijo la aceptó. Esta misma vida de Nazaret continúa el sacrificio total de la cruz, que es la suprema abyección. Ése es el único fin de Carlos de Foucauld, su único deseo. A fines de 1892, escribiendo a Dom Martin, abad de Notre-Dame des Neiges, le pedía rogara por él, para ser más y más «servidor no de los hombres, sino de Dios solo, de un Dios humillado y crucificado... Pida que yo ame, que comience a amar y a servir a este divino Maestro humillado y crucificado».

¿De qué instrumentos se valió Dios para llevar a su espíritu el pensamiento de fundar? Por un lado, el libro de las

Fundaciones de santa Teresa de Ávila, que lee y relee desde 1889 y que le va impregnando. Por otro, la santa habla de un tal padre Mariano, con quien se ha encontrado y a quien aprecia mucho. Tiene los mismos deseos de perfección y había pensado entrar en una orden religiosa:

«... Y así comenzó a pensar qué orden tomaría; e intentando las unas y las otras, en todas debía hallar inconveniente para su condición, según me dijo. Supo que cerca de Sevilla estaban juntos unos ermitaños en un desierto, que llamaban el Tardón, teniendo un hombre muy santo por mayor, que llamaban el padre Mateo. Tenía cada uno su celda y aparte, sin decir oficio divino, sino un oratorio adonde se juntaban a misa. Ni tenían renta, ni querían recibir limosna, ni la recibían; sino de la labor de sus manos se mantenían, y cada uno comía por sí harto pobremente. Parecióme, cuando los oí, el retrato de nuestros santos padres»[27]

Los ermitaños del Tardón son, sin género de duda, los modelos que el hermano María-Alberico reprodujo en su esbozo de regla: sin oficio divino, trabajo manual, sin limosnas. ¡Y cómo deseaba parecerse a este padre Mariano que, entrado en el Carmen por instigación de Teresa, había querido ser hermano lego!

Así pues, por santa Teresa de Jesús y los monjes del Tardón, Carlos de Foucauld, que ha gustado ya tanto de la vida de los padres del desierto, vuelve a los orígenes del más puro eremitismo en su frescor evangélico.

---

27 SANTA TERESA DE JESÚS, *Fundaciones,* cap. XVII (BAC, Madrid 2002) 732

XVIII
UNA CRISIS PROFUNDA

Llega un momento en que Carlos de Foucauld, presente de cuerpo en Akbès, no se siente ya en absoluto miembro de la Trapa: ha vuelto a su punto de partida antes de entrar en Notre-Dame des Neiges. Se halla como desarraigado, otra vez sin asidero. El 15 de noviembre de 1893 escribe a su prima la Sra. Bondy:

«Estoy esperando. Me hallo en el estado en que estaba antes de entrar en la Trapa, haciendo tabla rasa de todos mis deseos en cuanto a la resolución, diciéndole a Dios con san Pablo: *Quid faciam*. Y esperando su respuesta... Siento un deseo ardiente de seguirle más de cerca... Pero ¿es su voluntad? Lo ignoro. Para intentar otra vida tengo que saber que Él lo quiere. Espero con gran paz que se manifieste su voluntad»

Conocemos la dura respuesta del padre Huvelin por la confidencia que hace a su prima el 29 de enero de 1894. Ya la hemos reseñado antes al hablar de su proceso de abajamiento: «Continuar sus estudios de teología por lo menos hasta el diaconado, aplicarse a las virtudes interiores y sobre todo al anonadamiento; en cuanto a las virtudes exteriores, practicarlas con perfecta obediencia a la regla y a sus superiores... En cuanto a lo demás, más tarde se verá». Y en cuanto a los deseos de fundación, el director los rechaza implacablemente: «Usted no está hecho, no está absolutamente hecho para guiar a otros».

El padre Huvelin le había hecho aguardar tres años antes de permitirle entrar en la vida religiosa. Ahora los trapenses le harán esperar otros tres años antes de mandarlo a llevar la vida oculta de Jesús en Nazaret. 1894, 1895, 1896, tres años crucificantes, entre los que más probaron la vida de

Carlos de Foucauld. Nazaret se le convierte en una llamada lacerante y todo le habla de Nazaret. Ya vimos, por ejemplo, su pensamiento ante esa pobre choza de una aldea vecina donde, a comienzos de abril de 1894, se le envía para velar a un muerto: «qué diferencia entre esta casa y nuestras habitaciones! ¡Suspiro por Nazaret!», le dice a su prima el 10 de abril de 1894. Y cómo también encuentra a Nazaret en el humilde oficio de tocar la campana, que se le ha encargado: «De mis varios empleos, éste es el que prefiero. Y no es que le tenga mucha afición, pero por lo menos no es muy elevado. Por este lado me gusta» (a la Sra, Bondy el 21 de febrero de 1895). En cuanto a los estudios de teología los ama porque le han dicho que los ame; pero prefiere Nazaret.

En un retiro que hace por propia iniciativa entre la ascensión y pentecostés de 1895, llega a la conclusión, sin vacilación alguna, de que está llamado a la vida de Nazaret. Para él, este «breve retiro» ha terminado de hacer luz completa en su alma. Y en una carta a su prima la Sra. de Bondy, fechada el 27 de junio de 1895 , le dice:

«Veo muy claramente, ahora, sin que pueda caberme duda, que mi vocación, la voluntad de Dios es que le siga en la perfecta conformidad a su vida. Dios es dueño de mi vida y me la puede quitar en cualquier momento... Pero, por mi parte, consideraré en adelante como una infidelidad y una gran falta de fe no reconocer ahí mi vocación. Yo pertenezco a Dios. Ruégale que disponga de mí según su voluntad, para su mayor gloria y bien de las almas, pídele que le sea fiel... Por mi parte, se lo pido con todo mi corazón... No le pido ya luz sobre mi vocación, sino la gracia de ser fiel a la que me manifiesta, de cumplir la obra que me hace ver. En adelante, creería faltar a la fe y a la fidelidad si no le pidiera esto y me limitara a peticiones vagas»

XIX
UN IMPULSO QUE NADA PUEDE DETENER

El 25 de octubre de 1895 muere Dom Policarpo. Se rompe de esta manera un lazo afectivo que ligaba al hermano María-Alberico a la trapa de Akbès. El 2 de febrero de 1896 renueva por obediencia sus votos religiosos por un año. El hermano Carlos está más decidido que nunca a dejar la Trapa y llevar la vida a que se siente llamado, como le dice a su prima la Sra de Bondy, quince días después de renovar los votos:

«Mi alma sigue en el mismo estado. Mi sed de buscar fuera de la Trapa la vida de Nazaret aumenta de día en día. Estoy en paz, pero muy impaciente de que suene la hora de terminar este tiempo de prueba y espera, y marchar adonde Dios me llama»

A comienzos de agosto de 1895, el padre Huvelin le había indicado que mirara a ver si puede realizar su vocación dentro de la Trapa. El hermano María-Alberico reflexiona sobre la cuestión y, el 29 de agosto, pide permiso de hacer, «sin dejar la orden ni nada un ensayo temporal». Se trataría de ir a vivir con algunos compañeros, como solitarios, en el monte, en unas cuevas que se hallan bastante cerca del monasterio. Volvemos a hallar aquí el proyecto de una vida muy eremítica, de que hablaba justamente antes de entrar en la Trapa y que el relato de santa Teresa de Jesús contando la vida de los ermitaños del Tardón no ha hecho más que reforzar.

El padre Huvelin responde inmediatamente y, contra toda esperanza, lo aprueba. Pero el entusiasmo dura poco. Un mes más tarde, recibe del padre Huvelin una carta completamente diferente rechazando el proyecto. No sabemos qué ha pasado, pero el hermano María-Alberico obedece inmediatamente. Esto no quiere decir que renuncie a seguir su vocación, como le dice a su prima el 19 de marzo de 1896:

> «Sigo absolutamente decidido a hacer todo lo que sea menester para establecer mi vida en la más perfecta conformidad que me sea posible con la vida de nuestro Señor... Yo creo que es voluntad de nuestro Señor que viva de su vida y emplearé todas mis fuerzas para llevar a cabo una voluntad tan querida... Permaneciendo, en cuanto al fondo, invenciblemente decidido, sigo en la cuestión del tiempo en las manos del director espiritual»

No obstante, se produce un cambio en el proyecto: «El deseo de cambiar mi estado religioso por el de simple criado, de simple jornalero de algún convento, se hace cada día más intenso... son las mismas inspiraciones, pero más fuertes cada día». El 15 de junio de 1896, el padre Huvelin le escribe diciendo que el tiempo empleado en los estudios teológicos no ha sido perdido, pero que se da cuenta que el hermano María-Alberico no está hecho para la Trapa, y le permite exponer a sus superiores el movimiento de su alma. El director reconoce que hay en el alma de su dirigido un «impulso» que nada puede detener y teme que el movimiento que lo desplaza de la Trapa vaya acentuándose. El resultado era que el hermano María-Alberico se encontraba dividido entre la vida que quiere llevar y la vida de la Trapa. Y al final de la carta le dice: «Yo hallo que se le ha dirigido y formado a usted bien en la Trapa; pero, tercamente, usted ve otra cosa».

XX
LA COMPÒSICIÓN DE LA PRIMERA REGLA

El 14 de junio de 1896 termina la composición de una Regla para la congregación que deseaba. Esta Regla repite los datos esenciales de la carta del 22 de setiembre de 1893 al padre Huvelin y los ordena y precisa. Hay, sin embargo, una diferencia entre 1893 y 1896: el hermano María-Alberico reconoce ahora que Jesús es ante todo salvador. En 1890 miraba la cruz deseando sufrir con Jesús y el aspecto de la redención de los hombres no estaba en el primer plano.

Finalidad de la congregación. En 1893 era único: llevar la vida de nuestro Señor obrero en Nazaret. En 1896 hallamos como segundo fin lo que tres años antes no era más que una modalidad de aplicación: «llevar esta vida en país infiel». La inserción en países de infieles para salvar las almas se convierte en uno de los dos grandes fines de la congregación. El primer fin consiste en buscar la imitación de la vida de Jesús en Nazaret. Y precisa a propósito del trabajo manual: es menester que el trabajo practicado sea el que realiza la clase más pobre del país, que sea un trabajo común, un trabajo que cualquiera sea capaz de realizar. De esto se derivan varias consecuencias en el plano de la comunidad. Ante todo, ésta vivirá del producto del trabajo: No se recibirán donativos, ni limosnas, ni honorarios de misas, ni siquiera ofrendas destinadas a los pobres. Lo sobrante será distribuido cada semana. La casa será alquilada como las más pobres de la región. La alimentación será muy frugal. En cambio, no se escatimará nada para con los huéspedes, los pobres y los enfermos.

Es menester tomar el trabajo muy en serio, porque es un fin en sí mismo. No es un medio de vida, sino una imitación real de Jesús, un estado de vida. Se trata de llevar la vida de Jesús obrero. El trabajo es el fundamento de la congregación. Se trata de reproducir hoy, en el trabajo manual, la condición de Jesús de Nazaret.

El segundo fin, «llevar esta vida en país infiel», se basa en dos grandes razones: la del martirio y la del apostolado. Lo del martirio le viene al hermano María-Alberico de la persecución de los turcos contra los armenios, desencadenada en 1895 por el «sultán rojo» Abd-ul-Hamid. Como le dice a su prima la Sra de Bondy el 20 de noviembre de 1895: «Por orden del sultán han sido sacrificados cerca de ciento cuarenta mil cristianos en algunos meses». Y cuando la persecución alcanza a Akbès, nace en su corazón un gran deseo del martirio, si bien el gobierno turco protege a los europeos, y pone un puesto de soldados a la puerta del monasterio:

> «Nosotros, Akbès y todos los cristianos a dos jornadas a la redonda, hubiéramos tenido que perecer. No he sido digno de ello. Es mil veces justo; pero ¡ay, qué dolor! Ruega para que me convierta y no sea otra vez rechazado, a pesar de mi miseria, de la puerta del cielo, que estaba ya entreabierta... ¡Y qué hermosa puerta! ¡La más hermosa de todas!» (Carta a su prima la Sra,. de Bondy el 24 de junio de 1896)

En cuanto al apostolado, se trata de estar presente entre ellos como Jesús estuvo presente entre los hombres, de estar en medio de ellos, de ser como ellos. Los miembros de la congregación han de ser socialmente pobres, trabajadores semejantes a todos los trabajadores, para estar presentes entre todos los hombres, hasta los últimos, hasta los más pobres.

La persecución contra los armenios despierta en él otro pensamiento: el de ser sacerdote, como se lo dice al Padre Jerónimo el 24 de enero de 1897:

> «En el momento más grave de la persecución armenia hubiera querido ser sacerdote, saber la

lengua de los pobres cristianos perseguidos y poder ir de pueblo en pueblo animándolos a morir por su Dios»

Las matanzas de armenios han sido, para el hermano María-Alberico, ocasión de darse mejor cuenta del papel del sacerdote. Pero, aun reconociendo el papel esencial e indispensable del sacerdocio, él se siente personalmente muy dividido y teme la posición elevada del sacerdote. Además, en la Trapa se hace diferencia entre religiosos de coro y hermanos legos, lo que equivale a decir «entre sacerdotes y no sacerdotes». El hermano María-Alberico no puede soportar esta diferencia, que se le hace intolerable.

En el esbozo de regla de 1893, lo mismo que en la regla de 1896, se afirma con rotundidad la igualdad entre los hermanos, sean laicos o sacerdotes. El superior mismo puede ser muy bien no sacerdote. El hermano María-Alberico, que quiere estar en el último lugar, no quiere, no puede ser, en la Trapa, religioso de coro. No puede, consiguientemente, ser allí sacerdote. Pedirá a Dom Wyart, en enero de 1897, ser simple lego o criado, si se quiere que permanezca en la Trapa; pero que por lo menos no se le ordene sacerdote.

Además, había una razón más personal: En la visita de 1892, Dom Martin y Dom Luis de Gonzaga convinieron en hacerlo prior de Akbès. El hermano María-Alberico lo había presentado: si acepta el sacerdocio, tendrá que aceptar, por obediencia, ser prior. El sacerdocio le haría dejar el último lugar. No puede, pues, aceptarlo y le opone una barrera eficaz.

XXI
PERMISO PARA DEJAR LA TRAPA

A fines de junio de 1896 llega de París la carta del padre Huvelin, en que se le concede el permiso de dejar la Trapa. El hermano María-Alberico siente un júbilo extremo. El 8 de julio de 1896 escribe una carta a la Sra. de Bondy donde le dice:

«Seguir de la mano a aquel a quien se ama, compartir su vida y, sobre todo, sus penas y calamidades es la dulzura de las dulzuras. Y ¡cuánto he suspirado por este día! Pida ahora la fidelidad para su hijo. Estaba en una barca tranquila. Ahora se arroja al mar con san Pedro. ¡Cuánta fidelidad, fe y amor necesita! ¡Cómo siento mi debilidad, mi incapacidad, todas mis miserias! Dios lo puede todo... Ruegue por mí»

El 12 de julio escribe a Dom Wyart, abad general de los cistercienses reformados, y le pide dispensa de los votos simples que emitió el 2 de febrero de 1895. Y el 15 de agosto el hermano María-Alberico escribe de nuevo a su prima diciéndole:

«El tiempo de las perplejidades ha pasado... En lo por venir tendré sin duda muchas cruces, muchas dificultades; pero no tengo perplejidad... Mi camino está trazado, no tengo sino que andar... Veo la voluntad de Dios. Sólo me queda seguirla y ser valiente»

En este momento el padre Huvelin recibe la carta que contiene la nueva regla y queda consternado. Quiere a todo trance evitar que su dirigido funde y le contesta con una carta clara y categórica.

El hermano María-Alberico recibe esta carta algunos días después del 15 de agosto. La lee y relee y se penetra de su contenido. He aquí un resumen que hizo de esta:

1. Preferiría que siguiera en la Trapa.

2.º Sin embargo, usted no puede seguir en ella, si persiste en sus sentimientos actuales.

3-º Si se le niegan las dispensas, obedezca, sométase a este nuevo ensayo, continúe sus estudios y espere aún cierto tiempo.

4-º Si más tarde sus sentimientos persisten, lleve otra vida, viva a la puerta de una comunidad, en la abyección que desea.

5-º Pero no funde nada, no arrastre a compañeros, se lo suplico, esto por encima de todo (de la Carta del padre Huvelin del 2 de agosto de 1896)

Apenas recibida la aprobación del padre Huvelin para salir de la Trapa, llegan al monasterio órdenes contrarias. El 10 de setiembre, el hermano María-Alberico recibe una carta de Dom Wyart, mandándole marchar a Staouéli, Trapa de Argelia que dependía de Akbès, y ponerse a las órdenes de Dom Luis de Gonzaga.

Parte inmediatamente. El 25 de setiembre llega a Staouéli. Allí, el 12 de octubre, Dom Luis de Gonzaga le comunica que tiene que hacer dos años de estudios teológicos en Roma. Obedece sin chistar. El 30 de octubre de 1896 llega a Roma después de diez años de su conversión.

XXII
ESTUDIOS DE TEOLOGÍA

Carlos de Foucauld temía que en Staouéli se le indicara permanecer hasta el fin de su vida en la Trapa. Ahora sabe que se trata tan solo de dos años de espera. En una carta, que escribe el 2 de octubre de 1896 a su prima la Sra. de Bondy, le dice:

«Ya te das cuenta de que mis deseos no han cambiado en nada, están más firmes que nunca, pero obedezco con sencillez, con extremo reconocimiento y con la confianza de que, después de esta larga prueba, se manifestará con toda claridad la voluntad de Dios para todos los que no tenemos otro deseo que reconocer la voluntad de Dios para cumplirla, fuere la que fuere, y echarnos sobre ella con todo nuestro corazón y todas nuestras fuerzas»

La partida de Staouéli comporta un sufrimiento. El hermano María-Alberico tenía una gran amistad con un joven religioso, el padre Jerónimo. Foucauld le escribe un mes más tarde de su llegada a Roma:

«Gracias, muy querido padre, por sus dos tan buenas cartas... ¡Qué bien hace en hablarme tan largamente de nuestro Señor! De Él tenemos que hablar juntos... ¿De qué hablan dos niños sino de su padre, de su hermano, de su Amado, del que lo es todo para los dos? ¿Y qué somos nosotros sino dos niños pequeñitos? ¡Y qué natural es que estemos unidos, pues no queremos respirar más que por nuestro Señor Jesús...! Además, si hay dos seres que no hayan de hablar más que de Dios, ¿no somos nosotros, cuya amistad no tiene nada de terrenal?»[28]

A través de esta prueba que le ha sido impuesta, no por su director, sino por sus superiores religiosos, descubre el sentido profundo de la obediencia, que se convierte para él en el más puro acto de amor, en la mejor manera de

---

28 C. FOUCAULD, *Lettres au Père Jérôme* (29 de noviembre 1896)

reconocer la grandeza de Dios. Continúa diciendo en la misma carta:

«Esta costumbre de preguntar todo lo que hay que hacer, aun para las cosas pequeñas, tiene mil buenos efectos: da la paz (pues no se tiene nunca incertidumbre), habitúa a vencerse (se vence uno en todo, pues se renuncia en todo a la propia voluntad), hace mirar como nada todas las cosas de la tierra (pues se está siempre dispuesto a hacer otra cosa completamente distinta), obliga a hacer una multitud de actos de amor (porque obedecer así al confesor es obedecer a Dios, y obedecer es amar, es el acto de amor más puro, más perfecto, más elevado, más desinteresado, el más adorativo, si puede así decirse), obliga a hacer, sobre todo en los comienzos, no pocos actos de mortificación (al cabo de cierto tiempo se ven las cosas en su verdadero punto de vista, se desprende uno de todo, no se siente ya la mortificación, excepto muy raras veces, sino, al contrario, la alegría de obedecer)... hace que todos nuestros actos, sin excepción, sean agradables a nuestro Señor Jesús y hasta los más agradables que podemos hacer, y, consiguientemente, son los más perfectos (porque, aun en el caso, muy raro, en que nuestros confesores no nos mandaran lo más perfecto en sí mismo, el amor, la humildad, la buena voluntad, que constituyen la esencia de la obediencia, harían nuestro acto, hecho por obediencia, mucho más agradable a Dios, mucho más perfecto por las virtudes de que va acompañado, que el otro, de suyo más perfecto), y cuando Dios ve esta obediencia perfecta en sus hijos, da siempre luces especiales a los confesores y les hace conocer respecto a estos verdaderos amantes, a estos verdaderos obedientes, su voluntad especial. Santa Teresa lo experimentó así mil veces»

El punto esencial de este texto no es la necesidad de la dirección espiritual, sino la búsqueda apasionada de la voluntad de Dios. El hermano María-Alberico ha percibido la grandeza de la obediencia como medio para realizar la voluntad de Dios.

XXIII
EL ÚLTIMO LUGAR

En Staouéli se le había hablado de dos años de teología, pero a comienzos de diciembre se le dice que serán tres años en lugar de dos. Y es justamente en este momento que lo que más desea es conocer a lo que Dios le llama. Pero resulta que el 2 de febrero siguiente tiene que hacer los votos solemnes, lo que le ligaría para siempre a la Trapa. ¿Deberá renunciar para siempre a lo que cree ser su vocación? En semejante incertidumbre, comprende que lo más importante es estar atento a hacer lo que Dios quiere, sea lo que sea, hacerse cada día más disponible a los designios adorables del Señor: «Estar siempre dispuesto a hacer indiferentemente una cosa u otra»[29].

El hermano María-Alberico pretende una imitación total de Jesús. Esta pasión es la primera y esencial. En el correr de los años, lentamente, Dios hace germinar y desenvolver, matizar y rectificar en Carlos de Foucauld la imitación de Jesús. Y progresivamente la luz de la verdad divina viene a invadir su alma y le permite realizar poco a poco la vocación entrevista. Su mirada sobre el Amado le

---

29 Ibid., 29 de noviembre de 1896.

hace contemplar a aquel que reconoció en su peregrinación en Tierra Santa: Jesús pobre. Vuelve a recordar lo que es el centro de su vocación: la imitación de Aquel que se hizo el último de todos. En una meditación de esta época, repite las palabras del padre Huvelin: «Jesús tomó hasta tal punto el último lugar, que ningún mortal puede descender más bajo que Él», y saca la siguiente conclusión: «Descendamos lo más posible, como el Verbo, como Jesús. Fijemos definitivamente nuestro puesto, en la tierra, entre los más pequeños, en el último lugar. Tengamos, como el Verbo, nuestras delicias en estar con los más pequeños»[30]. El amor de Dios es un amor que se abaja, un amor que va primeramente a los más pobres: «Dios ama con predilección a los más pobres».

El 15 de enero de 1877, el hermano María-Alberico se halla en un momento muy importante de su vida. En carta a su prima la Sra. de Bony en esta misma fecha le dice:

«Este fin de mes y el comienzo del mes próximo son graves para mí. El 2 de febrero hará cinco años que hice mis primeros votos. Según los términos de las constituciones, en esta fecha tengo que hacer los votos solemnes o dejar la orden... Para seguir en la orden dos años y medio más sin emitir los votos solemnes, haría falta una dispensa de la Santa Sede, que sólo se concede por razones muy fuertes. Mi padre maestro no cree que existan aquí motivos suficientes para pedir la dispensa». —Y añade: «Pudiera, pues, suceder que se me obligue a tomar un partido definitivo de aquí a unos días. El día en que mi vocación sea claramente conocida de mi padre general y de mi padre maestro, y les parezca evidente que Dios no me quiere en la Trapa (por lo

---

30 C. DE FOUCAULD, *Méditations sur l'Ancien Testament* (Roma 1896) *Gen, 29,* 21 -fin.

menos como padre), me lo dirán y me obligarán a retirarme, pues son demasiado delicados de conciencia para quererme retener un solo día, si ven que la voluntad de Dios es otra»

Así pues, el pensamiento del hermano María-Alberico está absolutamente firme en este 15 de enero: está seguro de su vocación y de que un día será admitida. Hace siete años, en este mismo día, dejaba a los suyos para entrar en la Trapa.

XXIV
DESCENDER

En el cuaderno de notas de Carlos de Foucauld, entre las grandes fechas de su vida coloca después del 15 de enero de 1890, la del 23 de enero de 1897:
«Recibí de mi reverendísimo padre general la decisión de ser voluntad de Dios que saliera de la orden para seguir a nuestro Señor en su abyección y pobreza, el miércoles, fiesta de los desposorios de la santísima Virgen y san José, y víspera de la fiesta de la sagrada Familia»[31]

Así, estando ya en Nazaret, en una meditación de noviembre de 1897 afirma:
«Después de tres años y medio de espera, el reverendísimo padre general me declara, el 23 de enero de 1897, ser voluntad de Dios que siga la inclinación que me empuja fuera de la orden de la Trapa hacia la vida de abyección, de trabajo humilde,

---

31 *Charles de Foucauld intime* (La Colombe, París 1952) 162

de oscuridad profunda, cuya visión tengo desde hace mucho tiempo»[32]

Al día siguiente de anunciarle la decisión, el 24 de enero de 1897, escribe una carta a su prima donde define con una sola palabra su vocación: «Descender» Y seguidamente cuenta la entrevista con Dom Wyart.

A primera vista, nada extraordinario ha acontecido, salvo que el permiso le ha sido concedido «sin pedir yo nada, si hablar yo de nada». La semana del 16 al 23 de enero de 1897 es para Carlos de Foucauld una cumbre espiritual. Y, como le dice al día siguiente en carta al padre Jerónimo:

«Antes que el padre general tomara esta decisión, yo había prometido a Dios hacer todo lo que me dijera mi reverendísimo padre después del examen de mi vocación a que iba a entregarse, y todo lo que me dijera mi confesor. De suerte que si se me hubiera dicho: usted va a hacer los votos solemnes dentro de ocho días y luego, inmediatamente, recibir las órdenes, yo hubiera obedecido con alegría, con la certeza de hacer la voluntad de Dios... Porque, no buscando absolutamente más que la voluntad de Dios, teniendo superiores que también la buscan únicamente, era imposible que Dios no nos diera a conocer su voluntad»

Durante este tiempo de espera de discernimiento de su vocación, el hermano Carlos sufre mucho cuando se le presentan las tres vidas de Jesús, o las tres grandes situaciones vividas por Jesús: vida oculta, vida en el desierto, vida de obrero evangélico. Carlos de Foucauld las unifica por la imitación total de Jesús: Jesús en Nazaret, en el desierto,

---

32 *Écrfits spirituels* (de Gigord, París 1923) 84

en el Calvario. Ahora bien, el hermano María-Alberico escoge para sí la vida de Nazaret.

En este momento, el deseo de salvar las almas con Jesús se hace en él aún más ardiente. Contempla cada día más la cruz redentora. Descubre cada vez mejor que hay que llevar sus frutos a todos los hombres. Quiere hacer conocer a todos el amor de Jesús, que muere para salvarlos. ¿Cómo lograr esto? «Predicando con la vida».

Para el hermano Carlos, Nazaret no es una intimidad cerrada, sino una irradiación de vida: «Se trata de predicar el evangelio sobre los tejados, no por la palabra, como san Francisco, sino por la vida»[33].

XXV
DISPENSA DE SUS VOTOS SIMPLES

El hermano María-Alberico hubiese deseado llevar esta vida de Nazaret bajo la obediencia de la Trapa, pero el padre general, Dom Wyart, le desvía de esta idea ya que Nazaret es radicalmente otra cosa. Le recomienda permanecer en la obediencia con el padre Huvelin. Inmediatamente sale una carta para París, el 24 de enero de 1897, dirigida a su prima la Sra. de Bony: «Apenas tenga su respuesta, partiré. Ya sabes que quiero hacer de criado en un convento de oriente. El señor cura me señalará cuál y allí marcharé».

El padre Huvelin no se sorprende del giro que han tomado los acontecimientos, que preveía desde hace mucho tiempo. Él hubiera preferido que el hermano María-Alberico se hubiera quedado humildemente en una concepción espiritual de la vida de Nazaret. En carta del 27 de enero de 1897 le dice:

---

33 *Méditations sur l'A. Testament* (Roma 1896) Gn 22,13-fin

«Nazaret está donde se trabaja, donde se está sumiso... Es una casa que construye uno mismo en su corazón o, por mejor decir, que uno deja que Jesús construya en nuestro corazón. Creo que en todas partes puede vivirse la vida de Nazaret hundirse en el olvido, vivir en la obediencia, abrazar la cruz. Pero como su dirigido quiere llevar al pie de la letra la vida de Nazaret, el padre Huvelin le da su consentimiento: Sí, querido hijo, yo veo como usted el oriente... Tengo a Akbès por imposible; tengo miedo por usted de la otra Trapa[34], donde, sin embargo, preferiría verle; los mismos pensamientos vendrán a visitarle, la misma comparación de la vida que usted vivirá y la que persigue. Yo prefiero Cafarnaúm o Nazaret, o algún convento de franciscanos —no dentro del convento— sólo a la sombra del convento, pidiendo sólo los auxilios espirituales y viviendo de la pobreza... a la puerta... Esto es, querido amigo, lo que veo posible». —Y concluye con insistencia: «No piense sobre todo en reunir almas en torno suyo, ni sobre todo en darles una regla. Viva su vida; luego, si vienen almas, vivan juntos la misma vida, pero sin reglamentar nada. Sobre este punto soy bien claro»

El 14 de febrero de 1897, el hermano María-Alberico recibe la dispensa de sus votos simples. El mismo día emite dos votos en manos de su confesor, el padre Lescand:
«Primero, voto de perpetua castidad; Segundo, voto de perpetua pobreza, por el que me obligo a no tener nunca de mi propiedad ni para mi uso más de lo que pueda tener un pobre obrero»[35]

---

34 La Trapa de El Latroun.
35 *Charles de Foucauld intime* (La Colombe, París 1952) 162

Y anota que hace estos votos el día de la fiesta del beato Conrado, cisterciense, ermitaño de Tierra Santa También él quiere vivir como ermitaño en Tierra Santa. Así se lo expresa, en una carta del 31 de enero de 1897, a su cuñado el Sr. Raymond de Blic: «La nueva vida que voy a empezar será mucho más oculta, mucho más solitaria que la que dejo».

El martes 16 de febrero, a las once de la noche, sale de la casa generalicia y al día siguiente se embarca en Brindisi para Tierra Santa. El 24 de enero había escrito al padre Jerónimo: «¡Dios nos lleva por caminos tan inesperados! ¡Cómo he sido conducido, traído y llevado desde hace seis meses! Staouéli, Roma y ahora lo desconocido».

SEGUNDA PARTE:
REALIZACIÓN DE SU VOCACIÓN

XXVI
¿CÓMO SERÁ SU DESEADA VIDA DE NAZARET?

Carlos de Foucauld, que había preparado tan minuciosamente sus viajes, ahora no sabe lo que va a pasar. Va a la aventura, donde el Señor le quiera llevar. Llega a Jafa el miércoles 24 de febrero de 1897 y repite la peregrinación que había realizado en 1887: A'in Karim, Belén, Jerusalén, donde permanece ocho días. Después, a pie, remonta hasta Galilea, a través de Samaria. Llega a Nazaret la tarde del 5 de marzo y se aloja en la casa de los franciscanos, tal y como el padre Huvelin se lo había indicado, hablándole de un convento de franciscanos, el de Cafarnaún o el de Nazaret. Allí se entera de que al día siguiente, fiesta de santa Coleta, hay en las clarisas misa solemne y exposición del santísimo sacramento, y, como un signo de que Dios lo quiere allí, va desde el alba y ora delante del santísimo. A las once tocan a comer y Carlos de Foucauld es invitado por la hermana tornera a que se vaya, pero él se queda adorando. La hermana no se atreve a negarse, pero lo vigila, temerosa de que robe la custodia.

Pero como los franciscanos de Nazaret no tienen trabajo para él, va al Tabor, como le dice a su prima la Sra. de Bondy el 6 de marzo: «No creo hallar nido en Nazaret, sino acaso en Sicar o en el Tabor». Allí, sobre el monte de la Transfiguración, se confiesa con un franciscano, el padre Gabriel-María Voisin, y le habla acerca de su vocación y su deseo de un trabajo humilde. Y como el padre Voisin es capellán de las clarisas, lo vuelve a enviar a la ciudad de la vida oculta al mismo tiempo que avisa a la madre abadesa.

Cuando el 9 de marzo Carlos de Foucauld pide hablar con la abadesa de las clarisas y le expone lo que desea: trabajo humilde, techo y pan cotidiano, la madre María Ángeles de Saint-Michel acepta inmediatamente. Al día siguiente comienza sus nuevas funciones de doméstico o de mandadero.

Le proponen una casa de jardinero, pero prefiere una cabaña de tablas, donde se dejan los utensilios. Allí instalan un jergón, una mesita y un taburete, y él eleva esta cabaña a la categoría de ermita, dedicándola a nuestra Señora del Perpetuo Socorro. Allí vive en esa «deliciosa ermita», «perfectamente solitaria», como le dice a su cuñado el Sr. Raymond de Blic el 24 de abril de 1897:

> «Llegado aquí sin saber ningún oficio, sin certificado, sin otro papel que el pasaporte, a los seis días no solo hallé con que ganarme la vida, sino ganándomela en condiciones tales que tengo absolutamente lo que había soñado durante tantos años, y se diría que este puesto me estaba aguardando; y, en efecto, me aguardaba, pues nada sucede por azar y todo lo que sucede ha sido preparado por Dios»[36]

Y a su prima, la Sra de Bondy le comenta sus quehaceres cotidianos en carta del 2 de marzo de 1897:

> «Ayudo a misa y a las bendiciones del santísimo, barro, hago los recados, hago, en fin, todo lo que me mandan. El trabajo empieza después de misa, a las ocho de la mañana, y termina a la hora de la bendición del santísimo, que tiene efecto, por término medio, cada dos días a las cinco de la tarde. Los domingos y fiestas no tengo nada que hacer y puedo orar todo el día»

Oración eucarística y ocupaciones muy comunes de mandadero, tal es su vida, tal es su «camino extraordinario».

---

36 C: FOUCAULD, *Lettres à Raymond de blic* (Bonne Presse, París 1947) 101

XXVII
EXACTAMENTE LA VIDA QUE BUSCABA

Los primeros meses de la vida de Nazaret son meses de dicha inmensa, de una alegría aún más profunda que la que lo invadiera a los comienzos de su vida en la Trapa. Por fin puede vivir en Nazaret. El 22 de marzo de 1897 le confiesa a su prima la Sra. de Bondy: «Es exactamente la vida que yo buscaba» Y el 10 de enero de 1898 le dice al padre Huvelin:

> «Aquí he encontrado, bajo mi blusa azul, lo que buscaba allí. En mi cabaña de tablas, al pie del sagrario de las clarisas, en mis días de trabajo y mis noches de oración, tengo hasta tal punto lo que buscaba y deseaba hace ocho años, que es visible que Dios me había preparado este lugar y este lugar en su Nazaret, que desde hace tanto tiempo espejeaba a mis; ojos... Esto sí que es la imitación de la vida oculta de nuestro Señor, en su oscuridad y pobreza»

Así pues, la adoración del santísimo sacramento y un trabajo humilde son las dos bases fundamentales de su vida de Nazaret. Se levanta muy temprano, a las dos o las tres de la madrugada. En abril dice que ora desde que se despierta hasta el ángelus; en enero de 1898 le escribe al padre Huvelin que en ese mismo lapso de tiempo reza maitines, luego medita por escrito los santos evangelios y los salmos hasta el ángelus. Después va a la iglesia de los franciscanos, participa en las misas que se celebran en la cueva o cripta en que se venera la casa de la sagrada Familia y reza el rosario. Comulga todos los días. A las seis deja la cueva para volver a las clarisas. Es sacristán y tiene que preparar lo necesario para la misa, que ayuda, a las siete. Después de la acción de gracias, arregla la sacristía y la capilla. Seguidamente trabaja.

A las diez, se interrumpe el trabajo con dos horas de oración y «lectura piadosa». Una breve comida a mediodía.

> «A las doce y cuarto se reanuda el trabajo, que dura hasta las cinco, interrumpido media hora, de tres a tres y media, para rezar vísperas. A las cinco termina el trabajo, vos me bendecís larga y dulcemente con vuestra mano querida, y empieza el tiempo de oración que dura hasta el día siguiente. Desde las cinco de la tarde hasta las ocho de la mañana todo son lecturas piadosas, oraciones, meditación, que apenas interrumpen las colaciones tan ligeras y las cortas horas de sueño. Todo con vos, todo como vos. Con vos y como vos oro, leo, y estoy a vuestro lado en oración muda»[37]

Su oración es muy sencilla. El padre Huvelin, en una carta del 26 de agosto, le anima en esta manera de hacer oración:

> «Ruegue, como me dice, por los otros, y déjese penetrar por el Espíritu Santo, y retírese de su presencia para dejarle el mayor lugar posible, y para que Él ocupe todo el lugar... desaparezca usted lo más posible —reciba todo lo que le dé—, ayúdese de un libro para buscarlo cuando se hace buscar. Los salmos, los santos evangelios, son, efectivamente, lo mejor que usted puede encontrar... Apruebo, pues, querido hijo, todo este modo de meditación y oración de que me habla en su carta»

El padre Huvelin se alegra de este modo de vida y lo juzga como la primera verdadera realización del ideal de su dirigido. Se trata de una vida «perdida en Dios». Imitar a

---

37 C. DE FOUCAULD, *Nouveaux écrits spiritels* (Plon, París 1952) 112-113

Jesús de Nazaret, le dice en carta del 13 de mayo de 1897, «ser humilde, pobre, oscuro, como Él ha querido ser, y desconocido». Una palabra del padre Huvelin resume bien esta condición de ermitaño, una palabra que repite con frecuencia: enterramiento: «Entiérrese con nuestro Señor, perdido, ignorado. Ésta es su vocación»[38].

XXVIII
LAS LECTURAS DE NAZARET

En las jornadas de ermitaño de Nazaret hay una ocupación primordial: las lecturas y la meditación por escrito. Su principal lectura, su alimento principal, es la sagrada Escritura. La recorre sin cesar y será la fuente de numerosas meditaciones escritas. El padre Huvelin recomienda a su dirigido leer de un modo especial los Salmos y los Evangelios. A las lecturas bíblicas hay que unir la de san Juan Crisóstomo, a fin de nutrir su meditación sobre la Biblia.

También hace largas lecturas de teología. Lo que en Akbès desechaba, ahora el padre Huvelin, en carta del 16 de septiembre de 1897, se lo aconseja: «La teología da un fondo sólido a todos los bellos y grandes pensamientos y es un contraste de todas las ideas que vienen de Dios». Obedece. Y en enero de 1898 escribe al padre Huvelin:

«Mi vida se prosigue en una calma profunda. Durante el día trabajo mientras hay luz. Por la mañana y la tarde y una parte de la noche, leo y hago oración... Mi lectura principal es la teología dogmática. Con ella gozo extremadamente. Estas

---

lecturas me hacen bien, me hacen amar a la Iglesia, amar al prójimo, rectificar mi modo de ver en muchos puntos y han transformado realmente mi vida interior desde hace cuatro años. No me han quitado nada y me han añadido mucho... La filosofía ha sido también para mí una verdadera revelación... también me ha hecho mucho bien»

Y el 1 de febrero de 1898 le dice al padre Huvelin: «Estoy profundamente maravillado de que las lecturas y la teología, lejos de distraerme de la unión con Jesús, me hacen entrar más profundamente en ella».

Hay un tercer género de lecturas de que se nutre en Nazaret: son los libros de los grandes místicos. Entre éstos hay que poner en primer lugar a santa Teresa de Jesús. El 8 de marzo de 1898 le dice a su director que la ha releído diez veces en diez años. La lectura incesante de santa Teresa de Jesús lo lleva pronto a san Juan de la Cruz. Ya en agosto de 1897, el padre Huvelin le había aconsejado leer al gran místico español, pero Carlos de Foucauld no siguió inmediatamente su consejo. En marzo de 1898 dice a su director que las clarisas tienen en su biblioteca a san Francisco de Sales, que no ha leído nunca, y le pregunta si puede leerlo o tomar más bien la lectura de san Juan de la Cruz, que está también a su disposición. El padre Huvelin le aconseja de nuevo san Juan de la Cruz. El hermano Carlos se pone inmediatamente a leerlo, y su director, en carta de 28 de mayo de 1898, le dice:

«¡Cuánto me alegro de que haya leído a san Juan de la Cruz! Es un pacificador maravilloso, menos arrebatador que su Madre, pero más profundamente hundido en la Cosa Única. Nada puede hacerle tanto bien»

Lee a san Juan de la Cruz de punta a cabo y lo termina en octubre de 1898. Copia también numerosos pasajes, sobre todo de las *Máximas*. En lo sucesivo, volverá con frecuencia sobre san Juan de la Cruz y aconsejará a menudo la lectura del gran místico. Pero desde su llegada a Nazaret se pone a leer también a un tercer autor místico: el padre de Caussade, que lee y relee, durante años; Carlos recomienda en su regla la obra *L'Abandon à la divine Providence* a los que quieran seguirle[39].

XXIX
MEDITACIONES COMO AYUDA A LA ORACIÓN

De todos los escritos de Carlos de Foucauld, las tres cuartas partes datan de los tres años pasados en Nazaret, de 1897 a 1900. Es un conjunto enorme de documentos que el hermano María-Alberico había empezado a escribir en noviembre de 1896, en Roma, realizando meditaciones escritas. Tomó el Antiguo Testamento, lo abrió por el Génesis y fue anotando las ideas que esta lectura le inspiraba. Ya en Nazaret el mandadero de las clarisas no tenía la intención de meditar de nuevo por escrito. Si lo hace es porque pasa por una profunda aridez del alma que le impide orar. Así, un año después de su salida de la Trapa, el 15 de febrero de 1898, Carlos de Foucauld escribe a su prima:

«Al partir de Roma, no quería escribir nada más... Pero me encontré con tales sequedades, con tal imposibilidad de orar, que hube de preguntar a mi director si tenía que continuar sin escribir o volver a las meditaciones escritas, y me respondió: "Escriba

---

39 J. P. CAUSADE, *L'Abandon à la Divine Providence* (Le Laurier, París 2018)

sus meditaciones. Es un buen modo de meditar y es particularmente útil para usted, porque le sirve para fijar el pensamiento". Así pues, escribo todas las noches»

Delante del santísimo escribe sus meditaciones como ayuda para la oración. De todas maneras, para el ermitaño ni las lecturas ni la meditación es lo primordial. Lo primero es el amor:

«Sea cual fuere la manera de oración, pura contemplación, sencilla mirada a Dios, atención silenciosa y amorosa del alma a Dios, meditación, reflexión, conversación del alma con Dios, expansión del alma en Dios, etc., en todas estas maneras y en cualesquiera otras, lo que ha de dominar siempre en la oración es el amor»[40]

Rene Bazin, al publicar los *Écrits Spirituels*[41], comprendió admirablemente lo que había sido para Carlos de Foucauld este método de meditaciones escritas. Para orar, únicamente para orar las escribía el ermitaño de Nazaret. En el centro de esta oración está la cruz. En la hora de su muerte, antes de entrar en el seno del Padre, Jesús grita: «En tus manos encomiendo mi espíritu.» Carlos de Foucauld ha comprendido que tiene que ser bautizado en Cristo, inmerso en, su muerte y resurrección. Ha comprendido que su vida tiene que ser una muerte a sí mismo y un don total a Dios y que, por tanto, la eucaristía, en que nos unimos a Cristo en su muerte y en su gloria, ha de irradiar a través de los más humildes actos.

---

40 C. DE FOUCAULD, *Retraite d'Ephrem* (SEGMC, París 1939) 14 al 21 de marzo 1898
41 C. DE FOUCAULD, *Écrits spirituels* (de Gigord, París 1923)

Aquí tenemos la meditación que el hermano Carlos hace sobre la última oración de Jesús, a partir de Lc 23, 46 («Padre, en tus manos encomiendo mi espíritu»):

«Tal es la última oración de nuestro Maestro, de nuestro Amado... ¡Ojalá sea también la nuestra!... Y que sea no sólo la de nuestro último instante, sino la de todos los instantes:

Padre mío, me encomiendo en vuestras manos.

Padre mío, me abandono a vos, me confío a vos.

Padre mío, haced de mí todo lo que os plazca.

De todo lo que conmigo hiciereis os doy gracias.

Gracias por todo. Yo estoy dispuesto a todo, lo acepto todo.

Os doy gracias por todo.

Con tal de que vuestra voluntad se haga en mí, Dios mío, con tal de que vuestra voluntad se haga en todas vuestras criaturas, en todos vuestros hijos, en todos los que ama vuestro corazón, yo no deseo otra cosa, Dios mío.

En vuestras manos encomiendo mi alma.

Yo os la doy, Dios mío, con todo el amor de mi corazón, porque os amo, y es para mí una necesidad de amor darme, ponerme en vuestras manos sin medida.

Yo me pongo en vuestras manos con una confianza infinita, porque vos sois mi Padre»[42]

XXX
EL MODELO ÚNICO

Para conocer mejor a Jesús y para mejor imitarlo, poco después de su llegada a Nazaret, Carlos de Foucauld

---

42 Ibid., 29-30

vuelve a tomar el evangelio y lo medita por escrito. De ahí procede el manuscrito *Lecture du saint Évangile*. Comienza por el evangelio de san Mateo y se para en el versículo doce del capítulo doce. Parece ser que el 13 de mayo de 1897, el padre Huvelin le había recomendado juntar a la lectura del evangelio, que ya estaba haciendo, la lectura de textos del Antiguo Testamento, especialmente de los profetas y los salmos. El 31 de mayo, el hermano Carlos escribe a su prima: «El señor cura me dice que lea los profetas y los salmos». Y el día de pentecostés, el 6 de junio, comienza una serie de meditaciones del Antiguo Testamento como su director le aconsejaba.

El manuscrito bíblico más voluminoso es el de las *Méditations sur les Saints Évangiles*[43], que se extienden sobre die-ciocho meses, hasta comienzos de 1899. También compone otros escritos menores como *Essai pour teñir compagnie á Notre-Seigneur Jésus-Christs*, con una influencia manifiesta de santa Teres de Jesús. Con ayuda de textos evangélicos, recompone también el retrato de Jesús en el *Modelo Único*[44]. Con esto se constata que la mayor parte de los escritos del padre de Foucauld en Nazaret son de orden bíblico y, sobre todo, evangélico: 1914 hojas de 3.016, es decir, dos tercios, lo que indica bien su intensa búsqueda de Jesús, a quien quiere conocer mejor y amar mejor.

El 31 de octubre de 1897, Carlos de Foucauld recibe una carta de su director invitándole a tomar otra vez el breviario. Entonces, con el fin de rezar mejor el oficio divino, decide hacer cada día, antes de completas, una meditación de algunos instantes sobre la fiesta del día siguiente, lo que constituye el librito *Consideraciones sobre las fiestas del año*. Estas meditaciones, que ocupan un año, están

---

43 C. DE FOUCAULD, *Méditations des Saints Évangiles sur les passages relatifs à quinze vertus* (Nazaret 1897-1898)
44 C. DE FOUCAULD, *Le Modèle Unique* (Publiroc, Marsella 1935)

fechadas y permiten así seguir exactamente día a día su vida, desde el 31 de octubre de 1897 al 31 de octubre de 1898. A esto hay que juntar las meditaciones de dos retiros, el uno del 5 al 15 de noviembre de 1897, en Nazaret; el otro, del 14 al 21 de marzo de 1898, en Efrén. René Bazín ha transcrito gran parte de estos textos en los *Escritos espirituales*[45].

De entre estos textos entresacamos lo que para él es la Eucaristía: «El Salvador tan realmente presente como cuando vivía en Galilea y Judea y como lo está actualmente en el cielo»[46]. Y en cuanto a su porvenir espiritual, esta afirmación: «A esta vida seguirá la muerte. Tú querrías la muerte del martirio. Sabes que eres cobarde; pero sabes también que lo puedes todo en aquel que te conforta». Para hacerse santo, toma esta resolución: «Hacer todo lo que pienso que Él hacía»[47].

En cuanto a la fe y la humildad afirma: «La fe adora la pobreza y la abyección de que Jesús se cubrió toda su vida como de un vestido, inseparable de Él. La fe no quiere conocer nada, tiene sed de sepultarse»[48]. Sobre la humildad, tenemos toda una serie de anotaciones que expresan el estado en que se encuentra en este momento: «Que las madres de Nazaret hallen su gozo en verte en el último lugar»; y renueva su petición del martirio. «Escoged los últimos puestos. El más grande entre vosotros será el que se haga el más pequeño y se ponga al servicio de todos los demás»[49].

Y en cuanto a la bienaventuranza de la pobreza escribe este maravilloso poema en la carta del 24 de abril de 1890 a Duveyrier: «Mi Señor Jesús, ¡qué pronto será pobre

45 C. DE FOUCAULD, *Escritos espirituales* (prefacio: René Bazin) (Herder, Barcelona 1979)
46 Ibíd, 70.
47 Ibíd., 86.
48 Ibíd. 89.
49 Ibíd., 95.

aquel que, amándoos con todo su corazón, no pueda sufrir ser más rico que su amado!»[50] Él, que ama a Jesús, no puede menos de querer asemejarse a su amado:

> «Yo no puedo concebir el amor sin una necesidad, sin una imperiosa necesidad de conformidad, de semejanza y, sobre todo, de participación en todas las penas, en todas las dificultades, en todas las durezas de la vida»[51]

Y, al final de este himno, afirma la misión que ha recibido de Jesús: «Tú estás encargado de gritar el evangelio sobre los tejados, no por tu palabra, sino por tu vida»[52].

XXXI
TRES VIDAS

En diciembre de 1896 había esbozado algunos rasgos de las tres vidas de Jesús de Nazaret (Nazaret, Desierto y Palestina). Y en abril-mayo de 1897 se centra sobre el mismo tema. En uno de estos pasajes expone, una tras otra, cada una de las tres vidas con sus características esenciales; y las tres vidas tienen elementos comunes: «Pobreza, castidad, obediencia continua a Dios, contemplación, práctica de todas las virtudes interiores. Fuera de eso, no hay imitación de nuestro Señor»[53].

La contemplación será la base de las tres vidas: «Se puede contemplar, se debe contemplar siempre, en la palabra

---

50 Ibíd. 105.
51 Ibíd. 106.
52 Ibíd. 121.
53 C. DE FOUCAULD, *Lecture commentée sur le saint Évangile*, (Mt 2,14-23) (Nazaret 1897)

y en, la acción, como en el silencio del oratorio»[54]. Carlos de Foucauld insiste mucho sobre esto: «Si queremos, pues, hacer bien a las almas, no deseemos predicar, sino esforcémonos en ser santos», como le dice al padre Jerónimo en una carta del 31 de mayo de 1897.

Hasta aquí, el estado de vida de desierto se comprende sin más. La primera y tercera vida pueden compararse: una es de oscuridad, la otra de obras exteriores; una de silencio, la otra de palabras. La evangelización de las almas (tercera vida) es el trabajo de la palabra; las obras exteriores de alivio de los corazones y de los cuerpos. Pero ahora Foucauld llega a considerar estas tres vidas como un todo dinámico. Comienza a pensar que nuestro Señor vivió las tres vidas y que, acaso, los que quieren imitarle pueden o deben seguir el mismo camino. ¿No dejó Jesús Nazaret por el desierto y luego el desierto por la vida pública? ¿Cómo puede imitársele y realizar con Él estos dos pasos?

Primera regla: «Ordinariamente, Dios prepara para la vida apostólica por medio de la vida solitaria». Y pone ejemplos: Moisés, san Juan Bautista, san Pablo, san Juan Crisóstomo, san Atanasio, san Gregorio Magno, san Bernardo. Existe una verdadera «ley del desierto»[55]. Pero ¿qué es el desierto? Es el lugar de la tentación, de la preparación:

> «Hay que pasar por el desierto y morar en él para recibir la gracia de Dios... Los hebreos pasaron por el desierto, Moisés vivió en él antes de recibir su misión; san Pablo, al salir de Damasco, fue a pasar tres meses en Arabia; su patrón san Jerónimo, san Crisóstomo se prepararon también en el desierto... Es indispensable... Es tiempo de gracia... Es un período por el que tiene que pasar necesariamente

54
    ☐ Ibid. (Mt 2, 11).
55 Ibid. (Mt 3, 4).

toda alma que quiera dar frutos. Le es necesario este silencio, este recogimiento, este olvido de todo lo creado en medio de los cuales Dios establece en ella su reino y forma en ella su espíritu interior... Más tarde, el alma producirá frutos en la medida exactamente en que se haya formado en ella el espíritu interior»[56]

Y, ¿cómo puede saber el alma que ha terminado el tiempo de preparación «y ha de pasar a la tercera vida»?

«Si Dios quiere sacarla de la vida del desierto a la vida pública, lo hará por los medios ordinarios de que se vale para dar a conocer su voluntad: los acontecimientos, la orden de aquellos a quienes dijo: "El que a vosotros oye, a mí me oye" Pero guárdese el alma de salir del desierto antes de que se haya cumplido su tiempo»[57]

La segunda regla expresa los tiempos respectivos que hay que conceder a la vida del desierto y a la vida pública. Lo esencial no es permanecer mucho tiempo en el recogimiento: «El fruto del apostolado no depende de la duración del tiempo que se le dedica, sino del grado de santidad que se lleva al mismo»[58]. La obediencia a la voluntad de Dios puede obligarnos un día a dejar la vida de Nazaret o la del desierto. La condición de los apostolados fructuosos no está en la multiplicidad de trabajos, sino en la disponibilidad de todos los instantes a hacer la voluntad de Dios:

«Para realizar las más grandes cosas, para glorificar a Dios de la manera más admirable, para convertir el

---

56 Carta de 3 de mayo de 1897 a su amigo de Staouéli, el padre Jerónimo, en su preparación al sacerdocio.
57 Ibid. (Mt 4, 1)
58 Ibid.

mundo como los apóstoles, para ser la piedra fundamental y la cabeza de la Iglesia como san Pedro, no hay que prepararse de antemano durante años, ni meses, ni días, ni durante un solo minuto; basta obedecer en cada instante las órdenes de Dios»[59]

XXXII
VISITACIÓN

Los inicios del año 1898 es un período de ebullición intensa, un momento en que Dios hace adelantar a Carlos de Foucauld en la comprensión de su vocación. Toda esta búsqueda se opera partiendo del evangelio leído y meditado en todos los sentidos: «Tomemos completamente por ejemplo a Jesús solo»[60]. Es cuando traza el retrato del *Modelo Único*, destacando que ve especialmente a Jesús como salvador.

En su retiro de Efrén, el 15 de marzo, se detiene en un pasaje del evangelio que nunca había meditado: la visitación. He aquí como hace hablar a Cristo:

«En la encarnación, yo me di al mundo para su salud... Aun antes de nacer, trabajo en esta obra de la santificación de los hombres... e impulso a mi Madre a trabajar conmigo... y no la impulso a ella sola, desde el momento que me posee, a trabajar y santificar a las almas, sino también a todas las otras almas a las que yo me doy»

---

59 Ibid. (Mt 4, 18-20)
60 C. DE FOUCAULD, *Petites remarques sur la sainte Bible* (Nazaret 1898

Si ha recibido a Jesús, si lo posee, tiene que hacerlo conocer. Todo el que tiene a Jesús consigo, tiene que ser salvador con Jesús. Por la visitación,

«digo a todas las almas que me poseen y viven ocultas, que me poseen, pero no han recibido misión, que santifiquen a las otras almas llevándome en silencio en medio de ellas. A las almas de silencio, de vida oculta que viven lejos del mundo en la soledad, yo les digo: Trabajad todas, todas en la santificación del mundo, trabajad como mi Madre, sin palabras, en silencio. Id a establecer vuestros piadosos retiros en medio de los que me ignoran. Llevadme entre ellos estableciendo un altar, un sagrario, y llevad allí el evangelio, predicándolo con el ejemplo, no anunciándolo, sino viviéndolo. Santificad el mundo, llevadme al mundo»[61]

Carlos de Foucauld pone el acento en la exigencia que todos tenemos de evangelizar. Es menester que llevemos a todos el evangelio. Hay que ponerse en marcha. Un alma que tiene consigo a Jesús no puede menos de llevarlo a los otros. Y el último día del retiro, el 21 de marzo, medita sobre el Buen Pastor, que nos dice: «Ayudadme en mi trabajo, imitadme; haced todos vuestros esfuerzos conmigo y como yo... para atraer el mayor número posible de ovejas extraviadas»[62]. La visitación es, pues, para él, en este momento, la enseñanza concreta por la que Jesús le permite hallar el medio de realizar lo que quiere realizar: la unión de una vida de incesante intimidad con Jesús y de una salida incesante también afuera para hacer conocer a Jesús. Su concepción de la vida de Nazaret ha adquirido una especie

61 C. DE FOUCAULD, *Écrits spirituels* (de Gigord, París 1923) 128.
62 Ibid. 167

de tercera dimensión: además de la oración y el trabajo sencillo, la implantación en medio de las almas que ignoran el amor de Jesús.

Carlos de Foucauld se abre a un deseo inmenso de redención:

«Nuestro corazón, como el de Jesús, ha de abrazar a todos los hombres. Nuestro fin sobre la tierra, como el de la Iglesia, como el de Jesús, es la glorificación de Dios por el perfeccionamiento de todos los hombres. Estaríamos, pues, muy lejos de nuestro fin, muy lejos de nuestra vocación, muy lejos de aquella imitación de Jesús, condición de nuestra unión con Él, de todo amor y de toda santidad, si redujéramos nuestro corazón, nuestros deseos, nuestras obras a nosotros mismos, a nuestra perfección o la de un corto y determinado número de almas»[63]

XXXIII
LA MADRE ELISABETH DE JERUSALÉN

La madre Saint-Michel, abadesa del monasterio de Santa Clara de Nazaret, envía el 7 de julio de 1898 al ermitaño con una carta para la abadesa de Jerusalén, con el fin de que la Madre Elisabeth discierna sobre el hermano Carlos de Foucauld, quien permanecerá en ese momento tan solo cuatro días en Jerusalén. Madre Elisabeth le interroga y escruta. Por fin concluye que la madre Saint-Michel no se ha equivocado y le propone que se establezca cerca del convento de Jerusalén.

---

63 C. DE FOUCAULD, *Méditations des saints Évangiles sur les passages relatifs à quinze vertus* (Nazaret 1897-1898) *Charité*, 60 (Mt 13, 3)

Madre Elisabeth tiene miras muy precisas sobre el porvenir del ermitaño de Nazaret. Querría que se quedara en Jerusalén, pero también que tenga un compañero. Carlos no quiere hacer nada sin el parecer de su director. Vuelve a Nazaret y le escribe. Mientras, se acuerda de un novicio, fray Pedro, a quien había conocido en Akbès y que no había hallado en la Trapa respuesta a sus deseos y la había abandonado. El padre Huvelin se siente bastante contrariado por este progreso de los acontecimientos, y le responde que preferiría que continuara con su vida solitaria de Nazaret. Pero de mala gana le da el permiso de establecerse, si las madres lo quieren, en Jerusalén.

Apenas recibe la carta de su director, Carlos de Foucauld sale para la Ciudad Santa, adonde llega el 13 de septiembre por la tarde. La madre Elisabeth le dice lo que ha decidido sobre él: se quedará definitivamente en Jerusalén en un rincón de la clausura, para llevar con su discípulo, uno o dos más si lo quiere, la vida benedictina, y lo envía a Akbès para que anime a fray Pedro a seguirle.

Carlos obedece y marcha a Jaffa donde se embarca el día 15 rumbo a Alejandreta donde llega el día 18. Durante el viaje comienza la composición de la Regla de los ermitaños del sagrado corazón, la congregación que quiere fundar, y de la que fray Pedro, si así lo desea, será el primer miembro… cosa que no ocurrirá pues éste no quiere dejar a su madre y se niega a seguirle.

Vuelve a Jerusalén, donde llega el 4 de octubre.

«Vuelvo, pues, a mi vida de soledad. Mi vida de Jerusalén será exactamente la de Nazaret, más solitaria todavía, pues el convento está a dos kilómetros de la ciudad. Mi casita de madera está adosada a la pared de la clausura. Tiene tres lados de tablas y el cuarto está formado por las grandes piedras de la clausura. Desde mi puerta veo

Getsemaní, el monte de los Olivos, el Cenáculo, el Calvario. Y nuestra querida Betania»

Y espera estar por lo menos un año. Es lo que le dice a su prima la Sra. de Bondy en una carta fechada el 15 de octubre de 1898.

El 13 de octubre, la madre Elisabeth lo llama. En una larga conversación le expone lo que ve sobre él: que se ordene y sea capellán de las clarisas, para formar almas que lleven la misma vida que él. La madre Elisabeth hace así que surjan a la luz los proyectos más secretos y más tenaces de Carlos de Foucauld: sus proyectos de fundación. A partir de este momento los deseos de volver a la Trapa se desvanecen. La madre Elisabeth hace posible lo que parecía imposible. De golpe le pone entre las manos todos los medios necesarios, que le parecían tan lejanos.

He aquí, en carta al padre Huvelin del 15 de octubre, cómo ve la congregación en que sueña:

«Veo la regla de san Benito, practicada no como la practicaban los trapenses de hace cuarenta años, con espíritu demasiado formalista y demasiado estrecho, que parecen haber tenido siempre, ni con el relajamiento actual, sino practicada con el espíritu de san Benito, y por ello, en muchos puntos, según la letra de la regla, pero no en todos. Es la vida que hubiera ofrecido a fray Pedro, si hubiera querido seguirme. Es la que yo practico, un poco menos austera que la de la antigua Trapa, pero notable-mente más que la presente. Es mucho más sencilla que una y otra. Está descargada de esa multitud de oraciones vocales que las aplastan; hay más pobreza y más trabajo. "Seréis monjes cuando viváis del trabajo de vuestras manos, como nuestros padres y los apóstoles", dice la regla de san Benito. Veo un gran aligeramiento de ceremonias exteriores, como entre los antiguos monjes, para dejar mucho espacio a la oración y a la vida interior, y, al mismo tiempo, practicar la caridad para con el prójimo en todas las ocasiones que ofrece nuestro Señor»

XXXIV
EL SUEÑO DE FOUCAULD

Foucauld tiene un ideal sumamente sencillo, que confiesa a su director espiritual, el padre Huvelin, el 22 de octubre de 1898:

«Lo que yo sueño, en secreto, sin confesármelo a mí mismo, sin permitírmelo y rechazando este sueño, que vuelve sin cesar y que lo digo a usted, porque usted tiene que saber los últimos fondos de mi alma, lo que yo sueño involuntariamente es algo muy sencillo y muy poco numeroso, que se asemeja a las primeras comunidades muy sencillas de los primeros tiempos de la Iglesia... Algunas almas reunidas para llevar la vida de Nazaret, vivir de su trabajo como la sagrada Familia, practicando las virtudes de Nazaret en la contemplación de Jesús... familia pequeña, hogar monástico pequeño, muy pequeño, muy sencillo, nada benedictino»

Se le presentan a Foucauld dos posibilidades: una vida de Nazaret abierta a una evangelización más directa, siendo sacerdote, o una vida de Nazaret más abierta a los otros por las obras de caridad. Pero se trata, en ambos casos, de vida de Nazaret, vida de pobreza y de cruz. Mas, ni siquiera cuando se vive la vida de obrero evangélico ha de descuidarse del todo la soledad. Así, en diciembre, escribe:

«Nuestro Señor vivió en Nazaret la soledad de los cenobitas; en el desierto, la soledad de los eremitas; en su vida pública, lanzado por la voluntad del Padre al mundo, se reserva muchos ratos de retiro y soledad. Abracemos, según su ejemplo, según la vocación que Dios nos dé, ora la soledad de los cenobitas, ora la de los eremitas; ora, si Dios nos da la misión de ejercer la vida apostólica, esta triple soledad que consiste en la soledad continua del alma que adora a Dios en el santuario interior de sí misma, la soledad diaria del alma que se recoge de manera particular en ciertas horas consagradas especialmente a la adoración, en la soledad accidental del alma que pasa días enteros, períodos enteros en el retiro y oración»[64]

Su concepción de la vida de Nazaret evoluciona, concediendo que la soledad, el retiro y la oscuridad podrán disminuir; pero esta menor oscuridad y esta abertura hacia fuera sólo son admitidas por una razón y con una condición: que la caridad crezca otro tanto.

Ante los viajes y ajetreos de la vida de Jerusalén, Foucauld pide a su director hacer voto de clausura para evitar esto. Así, el 6 de enero, delante del santísimo, escribe una larga meditación que expresa bien sus actuales pensamientos. Ahora bien, esta meditación es sencillamente el reglamento provisional de los ermitaños del sagrado corazón, que quiere fundar. Aquí encontramos los tres elementos de la vida de Nazaret: adoración del santísimo sacramento, imitación de la vida oculta, vida llevada sobre todo en países de infieles. Insiste mucho sobre la eucaristía, que es, según su definición, «la obra característica de los

---

64 C. DE FOUCAULD, *Méditations sur les saints Ëvangiles* (Nazaret 1897-1899) 443 (Jn 6, 14-15)

ermitaños del sagrado corazón». Y concluye con algo nuevo, ya que en la regla de 1896 solo se preveía uno o dos sacerdotes:

«Nada glorifica tanto a Dios sobre la tierra como la oblación y presencia de la santa eucaristía. Se pondrá particular cuidado en rogar a monseñor el patriarca que lleve al sacerdocio a todos los ermitaños que se vea están llamados por Dios a él. Es deseable que haya entre los ermitaños del sagrado corazón el mayor número posible de sacerdotes»

Y es que Carlos de Foucauld quiere extender al mayor número posible de lugares la presencia eucarística, manifestación de la universalidad de la salvación. Y en esta misma línea de pensamiento habla largamente.

XXXV
FRAY CARLOS DE JESÚS

El 8 de febrero de 1899 escribe una carta angustiada a su director espiritual pidiéndole que le conteste enseguida:

«Cuando consulto mi cerebro, me responde: ahora, meditación, meditación; más tarde, sacerdocio y dirección de las clarisas... y, si Dios lo quiere, envío de almas, formación de un pequeño nido de adoración. Cuando consulto mi corazón, mi atracción, me responden: "Cierra todos los libros, no tomes jamás una pluma en la mano, sigue criado y, si un día no quieren nada de ti, vete al desierto, duerme en alguna cueva del monte de los Olivos, y pasa los días delante del santísimo sacramento en la iglesia que está en la cima y pidiendo todos los días o cada dos días un pedazo de pan y un poco de agua por caridad"»

El 20 de febrero parte para Nazaret y allí se reinstala esperando las órdenes del padre Huvelin, que le responde diciendo: «Le digo de todo corazón que se quede en Nazaret. Lo vi con pena dejar ese querido nido y ahora le digo con alegría que vuelva usted a él».

Una vez recibidos los consejos de su director, el 19 de marzo, domingo de pasión, entra en retiro. Tiene el plan de permanecer en él dos meses, hasta pentecostés. Empieza este retiro en la noche más completa, llevando una vida de oración, de lectura, de meditación y de trabajo manual. El padre Huvelin le invita de nuevo a llevar totalmente esta vida de Nazaret, sin preocuparse del porvenir.

Al fin de este retiro, en carta al padre Huvelin del 22 de mayo de 1899, le dice que se halla «en una paz profunda, más grande, más dulce de lo que jamás he experimentado... Es como una inundación de paz. *Facta est tranquillitas magna...* Estas palabras resumen todo el estado de mi alma. Este retiro, comenzado entre tantas tentaciones y turbación, *in angustiis*, se termina en una paz que sobrepuja, creo, a todo lo que he sentido hasta el presente». Comienza, pues, para él una vida nueva, una vida que estima ser definitiva y que ningún acontecimiento podrá quitarle mientras dure la peregrinación de su vida. Símbolo de este nuevo nacimiento es que firma, por primera vez, fray Carlos de Jesús.

Esta firma tiene una significación profunda. Al firmar así, Carlos de Foucauld estima que en adelante y para siempre es ermitaño del sagrado corazón. Y el viernes 9 de junio de 1889, fiesta del Corazón de Jesús, acaba la regla de los ermitaños del Sagrado Corazón de Jesús. Leyendo esta regla nos hallamos ante un texto sumamente sencillo de existencia evangélica. La vida de los ermitaños se expresa en un doble ritmo: un tiempo de intimidad profunda con y en

Jesús, tiempo en que el ermitaño sólo tiene una mirada: al santísimo sacramento, corazón de este «pequeño Nazaret»; y un segundo tiempo en que el ermitaño va a llevar a los otros el misterio de la salvación, manifestándolo a las personas por la hospitalidad y la amistad.

Su regla es ciertamente fruto de una incesante adoración eucarística, de una vida largamente oculta y perdida en Jesús, en el silencio y la soledad, como el grano que muere en la tierra. Fray Carlos de Jesús, hundido en el silencio, continúa en Nazaret la vida de ermitaño del sagrado corazón. Experimenta una paz profunda. El corazón está totalmente desprendido de las cosas de la tierra y desea más que nunca unirse con el amado, como le dice en una carta a su hermana Maria de Foucauld el 21 de julio de 1899:

> «No demos importancia a los acontecimientos de esta vida ni a las cosas materiales. Son sueños de una noche de albergue. Todo pasará tan aprisa como los sueños, sin dejar rastro»

XXXVI
SACERDOTE EREMITA

En este momento Carlos de Foucauld tenía tres proyectos: dar a la Iglesia el monte de las bienaventuranzas, erigir en él un sagrario y un altar y, por otra parte, ser ermitaño en las colinas que dominan Nazaret. Pero el día de san Marcos, el miércoles 25 de abril, diez días después de Pascua, tiene una evolución clara y se lo comunica por carta al padre Huvelin el 26 de abril de 1900:

> «Algo importante pasó ayer, no en los aconteci-
> mientos, sino en mis ideas, que creo deber
> comunicarle: Jamás imita un hombre tan perfecta-
> mente a nuestro Señor como ofreciendo el santo

sacrificio y administrando los sacramentos. Una búsqueda de la humildad que apartara del sacerdocio no sería, consiguientemente, buena, pues apartaría de la imitación de nuestro Señor, que es el solo camino... No tengo, pues, por qué detenerme en la más grande bajeza de mi condición actual para permanecer en ella, ni por qué temer lo que el sacerdocio tiene de elevado para rechazarlo, sino que debo poner la humildad donde nuestro Señor la ha puesto, practicarla como Él la ha practicado y, por tanto, practicarla, a ejemplo suyo, en el sacerdocio»

Carlos de Foucauld piensa en el sacerdocio por la eucaristía. Es la gran razón, como dice en la misma carta:

«Por encima de todo, puesto que nada glorifica a Dios tanto aquí bajo como la presencia y oblación de la sagrada eucaristía, por el hecho de celebrar la misa y establecer un sagrario, daré a Dios la mayor gloria y haré a los hombres el mayor bien»

Hasta ahora el sacerdocio le parecía incompatible con la vida oculta. Pero ahora se da cuenta de que puede ser sacerdote, puesto que el sacerdocio, al comprender la cruz, contiene la vida oculta de Nazaret. Fray Carlos no piensa en un ministerio sacerdotal de evangelización directa. Después de prepararse en Notre-Dame des Neiges y ordenarse sacerdote, volverá lo antes posible a Tierra Santa: «Mi puesto está en la ermita, en el desierto», concluye en dicha carta.

El padre Huvelin le manda un telegrama y luego una carta urgiéndole a no dejar Nazaret. Pero, para fray Carlos, no hay ya medio de volver atrás. Las negociaciones de compra están muy adelantadas y él prosigue con su idea: «Su no ha llegado demasiado tarde», le dice al padre Huvelin el 17 de mayo. A Carlos de Foucauld sólo le impulsa un designio: «Emprender una obra por amor de nuestro Señor amado Jesús. Se trata de una obra eucarística». Y el 1 de junio de 1900 le dice al padre Huvelin el motivo de la ordenación: «Una sola misa celebrada vale más, infinitamente más, que todas las otras obras que yo pudiera hacer».

Por causa de la eucaristía tiene que buscar compañeros:

«Mi regla está tan estrechamente ligada al culto de la sagrada eucaristía, que es imposible sea observada por varios sin un sacerdote y un sagrario. Sólo cuando yo sea sacerdote y haya un oratorio, por pobre que sea, en torno al cual sea posible apretarse, podré tener algunos compañeros»

Su vida será muy sencilla en torno a la eucaristía:

«He tenido interés en componer una regla muy desnuda de observancias exteriores, muy sencilla, que procure a algunas almas piadosas una vida de familia al derredor de la sagrada hostia, en la oración, la penitencia, la soledad y una inmensa caridad... lo que hubo de ser la vida de la sagrada Familia en Nazaret, en su extrema sencillez, su adoración perpetua y su infinita caridad»

Piensa ir estableciendo poco a poco nuevos sagrarios y, consiguientemente, nuevas ermitas. Se trata de una vida misionera: llevar con algunos compañeros la vida de la santísima Virgen en el misterio de la visitación. Es decir, «santificar en silencio, sin predicar, a Jesús en el santísimo sacramento y la práctica de las virtudes evangélicas».

XXXVII
IESUS CARITAS

El 16 de mayo de 1900, por carta, solicita al padre
Huvelin que pida permiso en su nombre al cardenal Richard
para tener «un altar móvil en viaje como los misioneros»,
llevado por su impulso de llevar a Jesús, es decir, el amor de
Jesús, por todas partes. Es en este momento cuando toma
por divisa «Iesus Caritas» (Jesús-Caridad), el corazón y la
cruz, pues Jesús salvador por la cruz, amó a todos los
hombres.

El primer día del mes de junio de 1900, mes del
corazón de Jesús y primer viernes de mes, no habiendo
recibido carta del padre Huvelin, toma la resolución de partir
para Jerusalén, pasar allí ocho días en oración y retiro y luego
ir a ver al patriarca: «Le abriré mi corazón con sencillez de
niño y le pediré todo lo que le quiero pedir... Me lo
concederá o me lo negará... Me presentaré a él sin
introducción, sin recomendación, sin carta de nadie y con mi
querida blusa, sin otra ayuda que mi buen ángel y Jesús»,
como le dice por carta al padre Huvelin ese mismo día. El
viernes 22 de junio, fiesta del corazón de Jesús, fray Carlos
asiste a la misa y comulga en el santo sepulcro. Luego se
presenta a monseñor Piavi, patriarca latino de Jerusalén. Éste
le escucha brevemente y le despacha en seguida. El hermano
Carlos permanece en paz, pues quería que la respuesta que le
diera el patriarca de Jerusalén fuera inspirada por solo Dios y
no por recomendaciones humanas. El patriarca no ha
tratado de desviarlo de su camino. Ni siquiera le ha dado
respuesta negativa: «Reflexionaremos sobre ello; retírese
usted de momento», le ha dicho. Es una invitación de Dios a
esperar todavía. Regresa a Nazaret.

¿Cómo es que el 8 de agosto se embarca en Jaffa,
rumbo a Marsella? Por esta época, la madre Elisabeth del
Calvario deseaba crear un convento en Roma, pues esta

fundación le parecía necesaria para el bien de las dos comunidades que había establecido en Tierra Santa. Y para esta tarea buscó una persona de su confianza que pudiera ayudarla en su proyecto yendo a Roma y tratando el asunto. Así que llamó al hermano Carlos a Jerusalén, a finales de julio, y le dio la orden de marchar a Roma.

Carlos de Foucauld aprovechará, antes de ir a Roma, para pasar por París y pedir consejo a su director, donde llega el 18 de agosto. Hacía más de diez años que no había vuelto a ver a su director. Fruto de este encuentro, el 3 de septiembre de 1900 le dice por carta a su prima la Sra. de Bondy: «El señor cura ha juzgado que, no obstante mi indignidad, tengo que recibir el sacramento tan santo del orden».

Al ir a Roma, fray Carlos pasa por Notre-Dame des Neiges, donde el padre Huvelin quiere que se prepare para la ordenación. En la Trapa se encuentra a Dom Martin, que lo recibe calurosamente y comienza inmediatamente: le pone en manos de monseñor de Viviers para que reciba el sacerdocio en manos de éste al año siguiente. El hermano Carlos está decidido a volver a Nazaret, apenas se ordene, para ser allí sacerdote ermitaño.

El asunto que tiene que arreglar en Roma le molesta mucho y tiene prisa por volver a la soledad de Notre-Dame des Neiges. A su vuelta de Roma, pasa unos días en Barbirey, en casa de su hermana, que hacía tiempo deseaba verlo. Y la tarde del 29 de setiembre, fray Carlos de Jesús está de vuelta en Notre-Dame des Neiges, donde llega bastante cansado. Desea proseguir en la abadía su vida solitaria de Nazaret y Dom Martin accede gustoso a su deseo:

> «Lo conduce a una celda pequeña, situada en el ángulo noroeste del monasterio, encima de la capilla de san Bernardo, contigua al santuario de la iglesia abacial, del lado del evangelio. Para ir a ella, se utilizaba una escalera de las dependencias de la

sacristía sin ser visto de la comunidad. Un simple tabique, provisto de una portezuela, separaba esta celda de una pequeña tribuna, que se convirtió inmediatamente en su lugar predilecto. Desde allí, sin ser visto por la comunidad, podía asistir a todos los oficios litúrgicos y vacar a la oración diurna y nocturna, prolongada de modo increíble. ¡Cuántas veces lo vimos, desde la tribuna abacial que estaba enfrente de la suya, arrodillado *in plano*, profundamente inclinado o con la mirada obstinadamente fija en el sagrario!»[65]

Esta es la celda que tiene el hermano Carlos para prepararse al sacerdocio. Solo sale final de la tarde para ir a la celda del superior Dom Luis de Gonzaga. El padre sacristán es el encargado de llevarle, una vez al día, una pobre comida. El resto del tiempo lo ocupa a la contemplación.

XXXVIII
LAS ÓRDENES SAGRADAS

El 7 de octubre de 1900 recibe las órdenes menores de mano de Dom Martin. En diciembre hace el retiro preparatorio de subdiaconado. En el retiro se pregunta dónde fundar los ermitaños del corazón de Jesús y escribe:

«Primero en Tierra Santa ya que es el país de Jesús. Segundo en Betania, por ser uno de los más santos lugares y el más abandonado. Y en tercer lugar, si Dios quiere, en el África sahariana, donde tantas y tantas almas carecen de evangelizadores y donde

---

65 *Le Père de Foucauld à Notre-Dame des Neiges, souvenir d'un témoin* (Bulletin de l'Association Charles de Foucauld, 4-5) 57-58

monjes y eremitas harían tanto bien... donde yo podría estar a los pies del sagrario, noche y día, tener clausura y silencio»

El 22 de diciembre, monseñor Bonnet lo ordena de subdiácono. Y el 24 escribe a su prima la Sra. de Bondy:
«Los lazos del subdiaconado son particularmente dulces y fuertes. Encierran el votó solemne de castidad y la obligación perpetua del breviario. Es realmente un matrimonio. Y cuando pienso que Jesús se ha dignado invitar a este indigno hijo de usted a contraerlo con Él, me confundo y me pierdo de agradecimiento y admiración»

El 15 de marzo de 1901 comienza el retiro para el diaconado. Un versículo del capítulo 12 de san Juan, el único repetido y subrayado, resume todo su pensamiento: «Si el grano no muere...» Él, que había definido su vocación como un testimonio del evangelio por medio de una vida silenciosa, y que, al definirla, la había distinguido de la de san Francisco de Asís, permanece aquí en la lógica profunda de su vocación: no quiere predicar, como él, por los caminos y permanecer, consiguientemente, diácono. Fray Carlos quiere ser sacerdote e inmolarse totalmente. El sacerdocio es para él una invitación insistente a una oblación oculta. Estas son sus palabras escritas en el retiro del diaconado, el 23 de marzo de 1901:
«Los sacerdotes han de ofrecerse a su Padre sobre el altar para su gloria y la salvación de los hombres en la santa eucaristía, como Él se ofreció en la cena. Deben ofrecerse con Jesús a su Padre, por su gloria, la de Jesús, y la salvación de los hombres, sobre la cruz, sufriendo, con Jesús, la agonía, la pasión y la muerte, en la medida en que plazca a Jesús mismo llamarlos a compartir su cáliz y a ser víctimas con Él»

El 9 de mayo, fray Carlos comienza un retiro de treinta días para prepararse a la ordenación sacerdotal y sigue las indicaciones que el padre Huvelin había dado en una conferencia:

«El sacerdote debe subir a Dios y luego bajar. Nuestro Señor se ofrece en el ofertorio, se inmola en la consagración y luego, en la comunión, se da todo entero. Todo a Dios, primeramente; y luego, todo también a los hombres. Estas dos cosas son correlativas para el sacerdote»[66]

Y a punto ya de ser ministro del misterio eucarístico, examina de nuevo las repercusiones que ello tendrá sobre su vida. Desea apasionadamente vivir la cruz con Jesús, identificarse más y más con Cristo que se sacrificó totalmente a sí mismo. Todo esto es para él muy concreto. Se trata de continuar la fidelidad prometida a Jesús pobre. Y el deseo de ser salvador con Jesús, con el sacerdocio implica, como le dice a su prima el 30 de mayo de 1901, «el don de sí a los más pobres». Para Fray Carlos, al hacerse sacerdote no sólo podrá seguir siendo pobre, sino que estará en condiciones de consagrarse más totalmente a los pobres, dándoles mejor a Jesús.

El sábado 8 de junio, por la tarde, fray Carlos permanece en la capilla del seminario mayor de Viviers. Allí pasa toda la noche en adoración. Al día siguiente, por la mañana, es ordenado sacerdote. Por la tarde, vuelve a la Trapa de Notre-Dame des Neiges con Dom Martin, que lo había acompañado. Llegan hacia medianoche. Fray Carlos permanece en adoración ante el santísimo sacramento hasta su primera misa, que celebra después de la misa de

---

66 ABBÉ HUVELIN, *Quelques directeurs d'ames au XVII siecle,* (Lecoffre, París 1925) 117

comunidad. Su alma está sumergida en un inmenso gozo eucarístico.

XXXIX
ANUNCIAR EL AMOR DE JESÚS

Apenas ordenado, se apodera de él un impulso irresistible de llevar la eucaristía y el evangelio anunciando el amor de Jesús. Por esto renuncia a permanecer un año más en la Trapa preparando su proyecto. El 23 de junio de 1901 por carta le explica al padre Huvelin cómo ve su vida:

«Una especie de humilde ermita, en que algunos pobres monjes podrían vivir de algunas frutas y un poco de cebada recogidas por sus manos, en estrecha clausura, en la penitencia y adoración del santísimo sacramento, no saliendo' de su recinto, sin predicar, pero dando hospitalidad a todo el que venga, bueno o malo, amigo o enemigo, musulmán o cristiano... Es la evangelización no por la palabra, sino por la presencia del santísimo sacramento, la oblación del divino sacrificio, la oración, la peniten-cia, la práctica de las virtudes evangélicas, la caridad, una caridad fraterna y universal, compartiendo hasta el último bocado de pan con todo pobre, todo huésped, todo desconocido que se presente y recibiendo a todo humano como a un hermano muy querido»

Pasados casi cuatro años después, cuando se pregunta adónde quiere llevar el evangelio, así le explica el hermano Carlos al padre Caron el 8 de abril de 1905:

«Mis retiros del diaconado y del sacerdocio me mostraron que esta vida de Nazaret... había que llevarla no en Tierra Santa, tan querida, sino entre las almas más enfermas. Yo ruego mucho con usted y por usted y le tengo presente, muy presente. Me reconcilio con su idea de África tan abandonada»

Por esto el 23 de junio de 1901 escribe inmediatamente a Henry de Castries, uno de los mejores conocedores de Marruecos, para preguntarle «cuál es el punto mejor situado para abrir brecha y penetrar, más tarde, poco a poco; cuál es el lado por el que Marruecos es más abordable a la evangelización».

Tres semanas más tarde, el 15 de julio de 1901, el padre Huvelin da su total asentimiento a los proyectos de fray Carlos de Jesús:

«Siga este movimiento que lo empuja, querido hijo; no es lo que yo había soñado, pero creo que es lo que Dios le dice, puesto que no puede permanecer en la Trapa. Vaya adonde el Maestro lo llama. Yo bendigo sus intenciones, sus proyectos, que no tienen otro fin que darse a Él y cumplir su obra sobre la tierra. Haré todo lo que pueda para ayudarle. Si sobreviniera alguna circunstancia que pusiera, de parte de los superiores, un obstáculo absoluto a sus proyectos, esté usted dispuesto a sacrificarlos, pues Dios habla también por esta voz, que es la más autorizada y que hace juzgar del valor de las otras voces»

El 8 de julio recibe una primera carta de Castries y otra, el 15 de julio. Así, con los consejos de su amigo, presenta al padre Huvelin el conjunto de sus planes. Lo hace en su carta de 22 de agosto. Y el 25, su director le responde:

«Su proyecto, querido, me parece muy hermoso, e inmediatamente práctico. Yo lo bendigo desde lo íntimo de mi alma y, por el mismo correo, escribo a monseñor Bazin. Lo hago en conciencia y con verdadera alegría»

El mismo 22 de agosto de 1901 Carlos de Foucauld pide a monseñor Bazin establecer un oratorio público cerca de A'in Sefra.

«Si vuestra santidad se digna concederme esta doble gracia, yo residiré allá como capellán de este humilde oratorio sin título de párroco ni de coadjutor ni de capellán, y sin subvención alguna, viviendo como monje, siguiendo la regla de san Agustín, ora solo, ora con hermanos, en la oración, la pobreza, el trabajo y la beneficencia, sin predicar, sin salir, a no ser para administrar los sacramentos, silencioso y enclaustrado»

Sin esperar a tener todos los permisos, fray Carlos de Jesús deja Notre-Dame des Neiges el viernes 6 de setiembre y el 9 se embarca el rumbo a Argel, adonde llega el día siguiente. El padre Henri, prior de Staouéli y monseñor Guérin, que acaba de ser nombrado prefecto apostólico del Sahara, lo esperan en el muelle. Lo conducen a Maison-Carrée donde le dicen que se ha decidido que irá a establecerse en un oasis situado en la frontera marroquí, Beni Abbés.

XL
PRIMERA MISA EN BENI ABBÉS

Carlos de Foucauld celebra la primera misa en Beni Abbés (Oued Sahoura) el 29 de octubre de 1901. Solo dos días después de su llegada le dice al padre Huvelin: «Aquí se puede hacer un bien inmenso, tanto a los soldados como a los musulmanes». Pero el hermano Carlos no quiere seguir los métodos tradicionales misioneros. Y el 7 de noviembre por carta le dice a Monseñor Guerin que su vocación es salvar a las almas por la bondad y la amistad: «En los poblados en que me encuentro se puede hacer mucho bien. Son gentes mansas, pacíficas, pobres. La bondad y la caridad pueden hacer que bendigan a Jesús».

El 30 de noviembre inaugura la capilla de Beni Abbés y el 1 de diciembre, primer domingo de adviento, celebra allí por primera vez la misa y coloca el santísimo sacramento. Este mismo día se «clausura», como le dice a Mons. Guerin el 9 de diciembre de 1901: «En lo sucesivo, no saldré de este pequeño retiro más que para los enfermos que tengan necesidad de auxilios religiosos».

Pero quien no había cesado de proclamar que no estaba destinado a predicar el evangelio por la palabra, no tiene otro remedio que hacerlo:

«La piedad inesperada de los pobres soldados que me rodean me permite dar cada tarde, sin excepción, después de una lectura y explicación del evangelio (no comprendo que quieran venir a oírme), la bendición con el santísimo sacramento»

No obstante, el fondo de su existencia en Beni Abbés consiste en un doble ritmo de oración y acogida, que cada vez le ocupa más tiempo. El acogimiento se extiende más y el hermano Carlos se deja arrastrar a esta actividad sin reticencia alguna, como le dice a su amigo Henry de Castries el 29 de noviembre de 1901: «Las construcciones se llaman la Khaoua, "la fraternidad", porque khaouia Carlo es el hermano universal. Ruegue usted a Dios para que yo sea realmente el hermano de todas las almas de este país». Y a su prima la Sra. de Bondy el 7 de enero de 1902 le confiesa:

«Quiero habituar a todos los habitantes, cristianos, musulmanes, judíos e idólatras, a que me miren como

111

a su hermano, como el hermano universal. Comienzan a llamar la casa la "fraternidad" (khaoua en árabe) y esto me gusta»

Y no solamente acoge a gentes de paso; el hermano Carlos de Jesús recibe también en su morada de manera estable, el 9 de enero de 1902, a un esclavo de 20 años llamado José, a quien acaba de rescatar. El 4 de julio, otro esclavo; dos más el 14 de setiembre y otro todavía el 25 de diciembre. El 15 de enero de 1902 hace instalar en la «fraternidad» un cuarto para los viajeros pobres, como le dice por carta a Mons. Guerin el 19 de enero de 1902:

«Esta tarde, fiesta del santo nombre de Jesús, tengo una gran alegría: por vez primera, viajeros pobres han recibido hospitalidad bajo el humilde techo de la "fraternidad del corazón de Jesús". Los indígenas comienzan a llamarla khaoua y a saber que los pobres tienen allí un amigo, y no sólo los pobres, sino todos los hombres»

Hace apenas tres meses que se ha instalado en Beni Abbés y se encuentra desbordado, como le dice a su prima la Sra. de Bondy el 31 de enero de 1902:

«Me hallo desbordado por las ocupaciones exteriores. Los pobres soldados vienen continuamente a mí, los esclavos llenan la minúscula casita que se les ha podido construir, los viajeros vienen derecho a la "fraternidad", los pobres abundan»

Y a Dom. Martin, el 7 de febrero del mismo año le dice:

«Todos los días hay huéspedes, a quienes hay que dar cena, cama y almuerzo. Esto no ha estado nunca vacío. Una noche hubo hasta once, sin contar un viejo enfermo fijo. Tengo entre sesenta y cien visitas diarias»

En una sola jornada ve a veinte esclavos; recibe a treinta o cuarenta viajeros; distribuye medicinas entre diez a quince personas; y limosnas a más de setenta y cinco en un día. Algunas veces, en un solo día, ve hasta sesenta niños en la fraternidad. No para de hablar y de ver gentes desde las cuatro y media de la madrugada hasta las ocho y media de la noche. Y tiene que celebrar la misa antes de salir el día.

XLI
UN MURO DE CLAUSURA

En febrero de 1902 se niega absolutamente a salir de la clausura, excepto para administrar los sacramentos a los enfermos. Si no quiere salir de la clausura, no tiene otro remedio que dejar que la gente penetre en ella, pues es puramente ficticia, limitada simplemente por algunas piedras. El 16 de abril de 1902 bendice la primera piedra de lo que será la clausura y comienza a construirla él mismo. Y como le dice a su prima la Sra. de Bondy por carta el 2 de mayo de 1902:

> «Hago de albañil cinco horas al día para construirme el muro de clausura. Me doy cuenta de que es indispensable para que mis hermanos, si Jesús me los da, gocen de recogimiento, vida regular, paz y silencio»

Prevé que esta clausura tiene que ser muy alta, pero todo queda en proyecto por la tarea de acoger a los que se presentan —y no puede ni quiere impedir que la gente la pase—, pero por lo menos se mantiene muy estricto en cuanto a franquearla él mismo.

Carlos de Foucauld se agarra lo más posible a la fidelidad monacal. Y cuando el 7 de febrero de 1902, escribe a Dom Martin, le dice que echa mucho de menos el silencio y la calma del claustro y que se ha visto arrastrado, a pesar suyo, a ejercer el ministerio. Sin embargo, cree ciertamente estar dentro de la voluntad de Jesús, y el hecho que le permite pensar así es que se prohíbe absolutamente toda salida fuera de la clausura.

El Hermano Carlos ha pensado siempre, hasta 1907, que su vocación era de orden monacal, como le dice a su prima la Sra, de Bondy por carta el 30 de marzo de 1903: «Monje silencioso y contemplativo, que es mi vocación». Y unos meses más tarde le dice por carta de 10 de junio de 1903 al padre Huvelin:

«Monseñor Guérin tendría una leve y discreta tendencia a empujarme suavemente a transformar mi vida de monje silencioso y escondido, mi vida de Nazaret, en una vida de misionero. Yo no seguiré esta última tendencia, pues creería ser muy infiel a Dios, que me ha dado la vocación de vida oculta y silenciosa y no la de hombre de palabras. Monjes y misioneros son, unos y otros, apóstoles, pero de manera diferente. En esto no cambiaré y seguiré el camino que, bien que mal, por desgracia antes mal que bien, pero fielmente, estoy siguiendo desde hace catorce años: vida oculta de Jesús, con otros si Jesús me los envía, solo si me deja solo»

Utiliza la misma afirmación cuando escribe por carta a su amigo Henry de Castries el 28 de octubre de 1905: «Mi vida no es aquí la de un misionero, sino la de un ermitaño», y el 2 de julio de 1907 le dice por carta a Mons. Guerin: «Yo soy monje, no misionero, hecho para el silencio, no para la palabra». Aquí el hermano Carlos define la condición monástica no ya por la separación del mundo, sino por el silencio. Pero lo paradójico de esto es que el hermano Carlos desea para sí una vida monástica de separación del mundo y de recogimiento y Dios lo lleva, por la fuerza de los acontecimientos, a tener que abrirse más y más a una vida exterior. Como lo expresa por carta el 12 de marzo de 1902 a Henry de Castries mantiene su proyecto de fundación:

«Ruegue usted a Dios, querido amigo, para que yo haga aquí la obra que me ha encomendado, que pueda establecer con su gracia un conventito de monjes fervorosos y caritativos, que amen a Dios con todo su corazón y al prójimo como a sí mismos: una khaoua de oración y hospitalidad, de la que irradie tal piedad que ilumine y caliente a toda la comarca; una pequeña familia que imite tan perfectamente las virtudes de Jesús que todos, en el contorno, le empiecen a amar»

Y un año y medio más tarde, escribe una carta a la marquesa de Foucauld con fecha de 15 de noviembre de 1903 expresando el mismo deseo:

«Sigo solo en Beni Abbés. Creo más que nunca que este punto de Beni Abbés se presta para una comunidad de solitarios pobres, que vivan en la adoración del santísimo sacramento y el trabajo manual. ¡Es tan solitario y tan céntrico entre Argelia, Marruecos y el Sahara!»

Pero las expresiones exteriores de la caridad, la acogida, la hospitalidad, van tomando mayor relevancia.

XLII
UNA VANGUARDIA SILENCIOSA

El Señor Jesús, que actúa mediante los acontecimientos, va a encargarse de hacer evolucionar sus concepciones y corregir lo que tienen de estáticas. El 25 de enero de 1903 escribe a Dom Martin para pedirle dinero para rescatar esclavos y compañeros:

«Mi pequeño terreno cultivado podrá alimentar dentro de cuatro años a veinticinco religiosos para hacer el bien, para que Jesús sea adorado, y que poco a poco, como mancha de aceite o, más bien, como perfume que se exhala, se pueda entrar en Marruecos y trazar en él un surco profundo. Marruecos es mi objetivo. Hacen falta compañeros para formar la comunidad cristiana naciente de Beni Abbés y para poderse establecer en Marruecos en el nombre del corazón de Jesús»

Las caravanas, los viajeros de Marruecos llegan cada día más numerosos, atraídos por el buen acogimiento que reciben en Beni Abbés y esto hace aumentar en el hermano Carlos el deseo de penetrar en Marruecos, como le dice por carta a su prima la Sra. de Bondy el 13 de diciembre de 1902:

«De un tiempo acá pienso tanto en Marruecos, en este Marruecos donde diez millones de habitantes no tienen ni un sacerdote ni un altar, donde la noche de navidad no habrá misa ni oración»

La noche de navidad de 1902 ofrece este país al corazón de Jesús, pidiendo a Dios la gracia de poder celebrar pronto allí la misa. Este país tan lejos de Jesús le obsesiona y, a principios de 1903, escribe en su diario un vasto proyecto de misión en Marruecos donde el hermano Carlos se siente llamado a ser obrero evangélico. ¿Cuál es su proyecto?

«Dentro de un porvenir próximo, espero poder ir con algunos marroquíes a su país. Querría ir primero para algunos días, luego para algunas semanas, luego para algunos meses y comprar allí una pequeña finca, donde se formaría una nueva "fraternidad" del corazón de Jesús»

Para la evangelización de Marruecos quiere almas resueltas a todos los sacrificios, gentes dispuestas a derramar su sangre. Y a estas almas resueltas que irían con él a Marruecos las llama por dos veces «sacerdotes apóstoles». No se trata de una predicación abierta sino de ser «una vanguardia silenciosa»[67]. Se trata de una vida de Nazaret que se orienta hacia la vida pública, como le dice a su prima la Sra. de Bondy, por carta el 4 de febrero de 1903, «hacer todo lo que sea posible para la evangelización de Marruecos, oración y lo demás».

Tal y como escribe el 25 de febrero de 1903 en su carnet, los medios de conversión que fray Carlos quiere emplear son las primicias de todo apostolado:

«Prometo emplear todos los instantes de mi vida en salvar los miembros de nuestro Señor que se pierden: por la oración, la penitencia, el ejemplo, la santificación propia, la bondad, el santo sacrificio, el santísimo sacramento, la fundación y desenvolvimiento de los hermanitos y hermanitas del corazón de Jesús, la conversión de Marruecos y las otras comarcas o regiones que indique el corazón de Jesús»

Y a su prima la Sra. de Bondy en carta del 27 de febrero de 1903 le confiesa:

---

67 G. GORRÉE, *Sur les traces du père de Foucauld* (La Colombe, París 1953) 140-142

«Mi miseria no tiene límites y, sin embargo, por más que busco en mí, no hallo más que este deseo: *¡Adveniat regnum tuum!...* *¡Sanctificetur nomen tuum!...* Me pregunta usted si estoy dispuesto a ir a otra parte que a Beni Abbés para extender el evangelio. Para eso estoy dispuesto a ir hasta el fin del mundo y a vivir hasta el día del juicio»

Carlos de Foucauld es consciente de que para realizar este trabajo de roturación del campo, hay que realizar un trabajo previo, morir a uno mismo. Esto es lo que le pide a Mons. Guerin por carta el 27 de febrero de 1903:

«Ruegue usted por mí para que ame, ruegue para que ame a Jesús. Ruegue para que ame su cruz; ruegue para que ame la cruz, no por ella misma, sino como el solo medio, el camino único de glorificar a Jesús. El grano de trigo no da fruto si no muere: Cuando yo fuere levantado de la tierra, lo atraeré todo a mí... Cuando me hubiereis levantado, conoceréis quién soy. Y, como nota san Juan de la Cruz, Jesús hizo el mayor bien, Jesús salvó al mundo en la hora de su aniquilamiento supremo, en la hora de su muerte... Alcánceme, pues, de Jesús que yo ame verdaderamente su cruz, pues ella es indispensable para hacer bien a las almas»

XLIII
SU AMIGO LAPERRINE

En 1903 Henri Laperrine, es nombrado comandante superior de los oasis saharianos. Es un amigo a quien ha perdido de vista desde hace veinte años. Laperrine acaba de obtener autorización para conquistar el Hoggar y en visita a Beni Abbés le muestra a su amigo, fascinado, el Sahara inmenso, abriéndole los ojos sobre los tuaregs, que aparecen para Foucauld como los seres más abandonados. Tres meses más tarde de la visita de Laperrine, el 27 de mayo de 1903, llega Monseñor Guérin a Beni Abbés. Las conversaciones que, durante cinco días, sostiene fray Carlos con su prefecto apostólico, muestran hasta qué punto se ha apoderado de él el pensamiento de los tuaregs. Monseñor Guérin le dice que es «evangelizador», pero el prefecto apostólico ha comprendido muy bien que este hablar no consistía en predicación directa. Se trata de un trabajo de Nazaret y, si le invita a hablar mucho, es «en el sentido de mejorar las almas, levantarlas, acercarlas a Dios, preparar el terreno al evangelio» como anota en su diario. El hermano Carlos es obrero evangélico y evangelizador, pero su papel consiste en preparar los caminos, como san Juan Bautista.

En junio de 1903, el hermano Carlos está dispuesto a hacer lo que le dirá pronto el padre Huvelin, por carta del 5 de julio de 1903: «Vaya usted adonde lo empuja el espíritu». Está dispuesto a partir más lejos para aumentar la difusión del evangelio. Y cuando monseñor Guérin lo invita a visitar, una o dos veces al año, el oasis de Taghit, al norte de Beni Abbés, a fin de ejercer allí un poco el ministerio, fray Carlos ve, en este consejo, la confirmación de que Dios lo llama a ir más lejos, no al norte, sino a Aoulet o, si es posible, más al sur, lo más cerca posible de los tuaregs.

Después de recibir una nueva carta, a mediados de junio, de su amigo Laperrine suplicándole que fuera a los tuaregs, el 24 de junio de 1903 envía a Monseñor Guérin su proyecto de establecimiento entre los tuaregs. Foucauld sabe, como reseña en su diario, que el prefecto apostólico no puede enviar ningún sacerdote y que puede sufrir martirio, pero precisa de manera concreta su misión: va allí en calidad de precursor, de roturador en espera de que puedan enviarse sacerdotes. Y, ¿qué hará entre los tuaregs?; continúa escribiendo en su diario: Ser como uno de ellos; instalarme entre los tuaregs, en el corazón del país cuanto sea posible; llevaré una vida muy sencilla; oraré, estudiaré la lengua y traduciré el evangelio, me pondré en relación con los tuaregs. Llevar en silencio a Jesús entre quienes lo ignoran.

En una carta a Mons. Guerin de 30 de junio de 1903 le dice: «Nada puedo hacer mejor que esta salvación de las almas, que es nuestra vida aquí abajo, como fue la vida de Jesús salvador». Y en pocas palabras resume así lo que piensa hacer:

> «Ir a preparar, comenzar la evangelización de los tuaregs, estableciéndome entre ellos, aprendiendo su lengua, traduciendo el santo evangelio, entablando relaciones, lo más amistosas posible, con ellos. Y allí viviré sin clausura»

Carlos de Foucauld se da perfectamente cuenta del paso que va a dar adoptando este proyecto. Seis días después de haber enviado su proyecto a Monseñor Guérin, le escribe:

> «En mi última carta, creo le decía que le escribía después de muchas vacilaciones. Sí, todo cambio, todo movimiento me espanta, me da como vértigo y horror. Temo equivocar el camino, temo no poder. El temor de la ilusión y la cobardía natural me inspiran a la vez este espanto a cada acción importante... Normalmente, el espanto cesa apenas me he puesto en manos de mi director y me he abandonado a él... Desde ese momento, reina en mí una paz profunda y cesa toda vacilación. Es lo que ahora me sucede. Antes de escribir a usted y al señor Huvelin, temía y vacilaba. Ahora que estas dos cartas han salido el mismo día, tengo paz, alegría, confianza profunda y deseo vivo, pero muy tranquilo»

XLIV
TIEMPO PARA REFLEXIONAR

El padre Huvelin, el 13 de julio de 1903, aprueba por carta plenamente su proyecto. Y el 22 del mismo mes Laperrine le envía la autorización para establecerse entre los tuaregs. Pero el 1 de agosto llega una carta de Mons. Guérin pidiéndole reflexionar. El prefecto apostólico está preocupado, y, después de consultar con Mons. Levinhac, le invita a esperar al invierno antes de pensar en una partida lejana y definitiva. Mons. Guérin hace notar a Carlos de Foucauld que al establecerse en el Hoggar, cesará de seguir su ideal, pues no podrá establecerse, sino qué se verá obligado a seguir a las tribus nómadas: «¿Estaría realmente ahí su puesto, a remolque de este campamento esencialmente nómada, cuando usted sólo piensa en vida monástica?».

Y el 19 de agosto, en una segunda carta, el prefecto apostólico vuelve sobre el proyecto, yendo esta vez de manera clara y precisa al fondo de la cuestión: «No logrará permiso para celebrar la misa sin monaguillo. ¿Qué hacer en ese caso? Solo cabe una solución: no decir misa». Y concluye exhortándole ante todo a la prudencia:

> «Tiene usted que reflexionar muy bien que, caso de marchar, ha de contar con gracias extraordinarias mucho más considerables que las que ya recibe. A usted toca apreciar, con toda humildad y sinceridad, según lo que sienta íntimamente, con qué gracia tiene usted derecho a contar»

Pero, pesar de todo, Mons. Guerin no se opone a dejarle marchar:

> «No quiero poner obstáculos a la realización de su designio. No me creo con derecho a impulsarle de manera positiva, pues no he recibido, sobre el particular, inspiración alguna especial de Dios. Pero

por nada del mundo le quiero apartar de ello si, después de reflexionar seriamente sobre las varias observaciones que con toda sencillez le he hecho, se cree usted aún llamado a partir en este momento»

Laperrine le invita a trasladarse al sur acompañando el convoy que sale de Beni Abbés el 6 de septiembre, o el de 12 de octubre. El hermano Carlos opta por el primer convoy. Y así se lo dice a Mons. Guerin por carta el 26 de agosto de 1903:

«Si más tarde recibo de usted la orden de no quedarme en el sur, no me quedaré. No marcho tan aprisa por falta de obediencia a usted, sino porque la más perfecta obediencia —y esto forma parte de su perfección—, lleva en ciertos casos consigo la iniciativa. Si marcho sin vacilar, es porque estoy dispuesto a volver sin vacilar. Con la misma facilidad que marcho, volveré»

Ahora, bien, el sábado 5 de septiembre por la mañana, víspera de la marcha prevista, llega a Beni Abbés la noticia de que hay un combate importante en El Moungar. Inmediatamente el hermano Carlos solicita de las autoridades militares autorización para trasladarse allí. La obtiene, monta a caballo a las diez de la mañana y llega al día siguiente, a las nueve de la mañana, a la enfermería de Taghit. permaneciendo todo el mes de septiembre junto a los heridos, ofreciendo una presencia de amistad.

Quince días más tarde toma esta decisión, como le dice por carta a su prima la Sra. de Bondy:

«Renuncio a mi proyecto de viaje al sur... Voy, pues, a volver a mi vida de eremita en Beni Abbés. Si hay nuevos combates, iré junto a los heridos. Si nuestra dominación se extiende hacia el oeste, me esforzaré por llevar también allí a Jesús en su sagrario. Si sigue el statu quo, yo también seguiré llevando, silenciosamente y en la clausura, mi vida de eremita»

Vuelve al punto de partida, como le dice a Mons. Guerin por carta el 10 de septiembre de 1903:
«Mi viaje al Tidikelt es muy problemático. Me dejo guiar por los acontecimientos: para partir, haría falta un apaciguamiento inesperado. No puedo alejarme en un período tan turbio. Ruegue usted para que yo haga la voluntad de Jesús»

En una nueva carta de Mons. Guerin del 25 de septiembre aprueba vivamente su retorno a Beni Abbés:
«Su sacerdocio es ahí más útil que en ninguna otra parte y ello sin duda para un período de tiempo un poco largo. La Providencia habla claramente en este momento. Permanezcamos entre sus manos. Cuando haya que tomar una decisión diferente, ella nos lo dará también a entender entonces. Hay que contar con ello»

Y el 29 de setiembre por carta le responde a Mons. Guérin relatando los combates que han tenido lugar y diciéndole que piensa volver a Beni Abbés en los días siguientes:
«Arde todo de tal manera por el oeste que me parece mejor seguir en la "fraternidad" llevando en silencio y oración la vida de hermanito al pie del sagrario»

El 2 de octubre ya está de vuelta en Beni Abbés y se ocupa en arreglar su huertecillo para los compañeros que pudiera tener, para los pobres y para su propia subsistencia. El 30 de octubre se cumplen dos años de su llegada a Beni Abbés y escribe al padre Huvelin:

«Renuncio definitivamente a mi proyecto de viajar y establecerme más al sur. Después de reflexionar y orar lo mejor que he podido, creo ser más útil al evangelio quedándome en Beni Abbés, puesto muy céntrico entre Marruecos, Argelia y el Sahara, y continuando, no obstante mi soledad actual, preparándolo todo para algunos hermanos, si Jesús me los envía... Por lo demás, la frontera marroquí está actualmente demasiado agitada para que pueda alejarme de ella... Sin embargo, si monseñor Guérin no envía ningún sacerdote a los puestos del sur, haré lo posible para dar cada año rápidamente una vuelta, a fin de que todos puedan acercarse a los sacramentos una vez al año»

XLV
LOS HERIDOS DE TAGHIT

El 8 de noviembre de 1903 lo pasa Carlos de Foucauld junto a la cabecera de los heridos de Taghit. Es un viaje rápido: veinte horas de camino para ir y otras tantas para volver. El 29 de noviembre comienza su retiro anual, adelantándolo dos meses a la época ordinaria, por si tiene que ocuparse de los heridos si sucede otro combate. Al día siguiente, es llamado a Taghit para dos soldados gravemente heridos. El 6 de diciembre está de vuelta en Beni Abbés y continúa su retiro interrumpido. Al fin del retiro hace el propósito de seguir fielmente el reglamento de los hermanitos del Sagrado Corazón de Jesús.

A fines de diciembre, el hermano Carlos parte a cincuenta kilómetros al norte, a Igli, pues se está muriendo un soldado. Vuelve el 28 de diciembre de 1903. Y le dice por carta de este día a su prima la Sra. de Bondy:

«Sigo sin haber decidido nada respecto a mi marcha hacia el sur. Probablemente iré, aunque mi cobardía se espanta, no de este viaje en particular, sino de todo movimiento en general»

Mons. Guérin le deja en libertad para seguir su proyecto. El 13 de diciembre de 1903 pide consejo a su director, pero no recibe respuesta. Estas eran sus preguntas:
«¿No convendría fundar, en el extremo sur, una como base, pasar allí varios meses del año, ofrecer durante el viaje los sacramentos a las guarniciones y, sobre todo, mostrar la cruz y el corazón de Jesús a los musulmanes?»

Resulta que hacia el 10 de enero parte un convoy hacia el sur y se siente cada vez más impulsado a hacer este viaje. Si para esa fecha no recibe ninguna orden de su director en contra, tomará el convoy. No lo hará por gusto personal. Tiene miedo a este viaje y preferiría la soledad. Ve su propia pobreza, como le dice a su prima la Sra. de Bondy por carta del 6 de enero de 1904:
«Voy completamente a la aventura y no sin miedo: miedo a la vista de mi insuficiencia, de mi nada. Haría falta un santo, un corazón de fuego y una buena cabeza, y yo soy un miserable sin cabeza ni corazón»

Y como el 13 de enero de 1904 el hermano Carlos no ha recibido contestación del padre Huvelin, retira la reserva del sagrario y parte con el convoy que aquel día se pone en movimiento hacia las tierras del sur, hacia los tuaregs. Pablo lo acompaña y hará de monaguillo.
El hermano Carlos está atento a cada instante en hacer la voluntad de Jesús. Esta obediencia de cada instante, esta prontitud de espíritu no tiene más que una fuente: la

imitación de Jesús. Los actos del hermano Carlos sólo tienen consistencia cuando han sido confrontados con los actos de Jesús. No ha sido una regla la que le ha ayudado, sino la sola imitación de Jesús, que se ha convertido en el principio y fin de todas las reglas y de todos los reglamentos que ha compuesto. El 17 de mayo de 1904 escribe en su diario:

«En caso de duda acerca de la manera de conducirme y seguir el reglamento de los hermanitos del corazón de Jesús, conformarme siempre a la conducta de Jesús en Nazaret y de Jesús sobre la cruz, pues el primer deber de los hermanitos del corazón de Jesús y el mío, el primer artículo de su vocación y de la mía, de su reglamento y el mío, lo que para ellos y para mí está escrito por Dios *in capite libri*, es imitar a Jesús en su vida de Nazaret y, llegada la hora, imitarlo en su camino de la cruz y en su muerte»

XLVI
MENDIGO DE AMISTAD

Con un espíritu de entrega total a Dios — que indica su voluntad a través de las circunstancias— parte hacia los tuaregs, En Beni Abbés se había adaptado a las visitas de toda especie que recibía. En el viaje se adapta a todos aquellos con quienes entra en contacto. Y ahora no se trata ya de recibir y acoger, sino de hacerse aceptar. Así, cuando la columna llega a un pueblo, se interesa por los enfermos y los más pobres para repartirles medicinas y limosnas. Pero, en realidad, el mendigo es el hermano Carlos que mendiga su amistad. Así se lo dice en carta del 2 de febrero de 1904 a su prima la Sra. de Bondy:

«Las medicinas y limosnas no son un beneficio material, sino un beneficio, sobre todo, espiritual.

Son un medio de entrar en buenas y amistosas relaciones con los indígenas, de romper el hielo, de inspirarles confianza y amistad para conmigo»

Y siete días más tarde le dice: «Cuanto más viaje, más indígenas veré, más conocido seré también de ellos, y espero entrar en posesión de su amistad y confianza».

En este ambiente de encuentros múltiples, pone en práctica su método de evangelización: la amistad. No se trata de un apostolado directo, sino de preparación, como le dirá a su amigo Henry de Castries en carta del 15 de julio de 1904:

«No se trata de una evangelización propiamente dicha. Yo no soy digno ni capaz de eso, ni tampoco ha llegado la hora. Es un trabajo preparatorio del evangelio, despertar la confianza y la amistad»

Es la misma idea que le dice al padre Huvelin en la misma fecha por carta:

«Dios me ha hecho la grande gracia de estar desde hace cuatro meses en un país cerrado hasta el presente a la sagrada hostia, al santo evangelio... Aquí hago lo que puedo: muy prudente, muy discretamente procuro inspirar a los indígenas, los tuaregs, confianza en mí, amansarlos... entablar amistad entre nosotros... Yo siembro, otros recogerán. Con todas mis fuerzas trato de mostrar y de probar a estos pobres hermanos extraviados que nuestra religión es toda caridad, toda fraternidad, que su emblema es un corazón»

No ha creado él mismo, de modo conceptual, este método, sino que le ha nacido de su extremo amor a Jesús y a las almas. Al buscar la amistad de quienes encuentra no tiene otro designio que manifestarles a Jesús a quien ama.

Como le dice a su amigo Henry de Castries por carta del 17 de junio de 1904:

«Conversar, dar medicamentos, limosnas, la hospitalidad del campamento; mostrarse hermanos, repetir que somos todos hermanos en Dios y esperamos estar todos un día en el mismo cielo, rogar por los tuaregs con todo mi corazón: tal es mi vida»

Los viajes incesantes del año 1904 son una purificación del hermano Carlos que le ayudan a simplificar su alma, pues los realiza con suma pobreza y adaptándose constantemente. Esta vida de nómada lo desgasta y desconcierta. Encuentra luz en el retiro que hace en Ghardaïa, junto a Mons. Guérin, de noviembre a Navidad:

«Tener cuidado: 1° Hacer una comunión espiritual cada vez que entre en la capilla, hable con alguien o escriba a alguien; 2° En todas las idas y venidas, en las marchas, cuando no haga otro ejercicio espiritual, rezar las avemarías por el reinado universal del corazón de Jesús»

Adapta, pues, su vida de oración a lo que Dios le pide que realice. Sigue un ritmo alterno de vida más bien enclaustrada y de vida activa. Este ritmo va muy bien con su temperamento. La simplificación de su alma le facilita pasar de la vida de oración a la de servicio a los demás, y a la inversa. Este ritmo alterno se repite sin cesar. Estos tiempos de oración y estos tiempos de don de sí a sus amigos, don que toma múltiples formas, no son momentos discontinuos. El hermano Carlos los reúne, en lo profundo, por una obediencia continua a Dios.

XLVII
DESEOS DE FUNDAR

Carlos de Foucauld deja Ghardaïa el 26 de diciembre. Tenía la esperanza de regresar a Beni Abbés con algún compañero. El 24 de enero de 1905 se encuentra ya en Beni Abbés, vuelve al reglamento de antaño y el 31 de enero de 1905 le dice al padre Huvelin por carta:

> «Heme, pues, en Beni Abbés; para largo tiempo, sin duda; para siempre, si Dios quiere; sin otro trabajo que vivir la vida de Nazaret e imitar, con todo mi corazón, con todas mis fuerzas y amor al divino modelo»

Así, el hermano Carlos comienza nuevamente a vivir en Beni Abbés la existencia que llevó en 1902 y 1903. Pablo y la anciana María son los únicos habitantes de la «fraternidad». Y el 21 de marzo de 1905 le dice por carta a su prima la Sra. de Bondy: «Me limito a dar a los extraños, a los pobres, la limosna en la puerta». No deja entrar huéspedes en la «fraternidad». Su tiempo se reparte entre la oración y el trabajo. La misa ocupa el centro de su vida y los que asisten se sienten impresionados. Sustituye el trabajo manual por copias de tuareg y de estudios hechos durante el año de viajes.

El 2 de febrero el hermano Carlos comienza las Meditaciones sobre los santos evangelios, que termina el 22 de abril de 1905. Son meditaciones más cortas que las de Nazaret, pero que no tienen la brevedad de las que hará en Tamanrasset en 1916. En el corazón de estas meditaciones está Jesús, a quien quiere amar y hacer en cada momento lo que más le agrade. Como encabezamiento de las Meditaciones copia íntegramente un pasaje bastante largo del capítulo decimosegundo de la Vida de santa Teresa de Ávila:

«Puede representarse delante de Cristo y acostumbrarse a enamorarse mucho de su sagrada humanidad, y traerle siempre consigo, y hablar con Él, pedirle para sus necesidades y quejársele de sus trabajos, alegrarse con Él en sus contentos... Para esto no se nos ha de dar nada de no tener devoción, como tengo dicho, sino agradecer al Señor, que nos deja andar deseosos de contentarle aunque sean flacas las obras. Este modo de traer a Cristo con nosotros aprovecha en todos los estados»

En marzo el hermano Carlos pasa por un estado de gran agotamiento y se lo dice a su prima, que le aconseja dejar Beni Abbés por el clima. Esta es su respuesta por carta del 11 de abril de 1905:

«Cambiar de lugar, salir de la clausura por razón de salud es cosa que nunca hicieron y nunca harán los buenos monjes. La clausura es su elemento, su patria, en espera del cielo. En ella se vive, en ella se muere, en ella se está sano o enfermo, como Dios quiere. Se sale por causa de servicio de Dios, cuando hay graves razones para ello; por razón de salud, jamás»

En este momento el hermano Carlos insiste mucho en la clausura, lo que sugiere su modelo de Fraternidad. Piensa en un reducido centro de adoración y amor en que unos hermanos recibirían a los visitantes y a los pobres y otros estarían más consagrados a la adoración silenciosa. La «fraternidad» del corazón de Jesús se desdoblaría, pues, en dos clases de hermanos: los que vivirían más Nazaret abierto a los otros y se consagrarían a recibir, y los que estarían instalados en el corazón de la «fraternidad» consagrados ante todo a la adoración en la soledad.

Por otra parte, si las razones de salud no pueden nunca justificar una salida de la clausura, los motivos del servicio de Dios son perfectamente valederos y pueden obligar a un monje a salir de la «fraternidad». Habiendo conocido en Beni Abbés la vida de acogida de Nazaret, el hermano Carlos desea hermanos que vivan también esta acogida de los demás. Habiendo experimentado, en 1904, la vida de obrero evangélico, desea tener hermanos que se consagren igualmente a esta tarea apostólica: querría hermanos que sean obreros de evangelización.

XLVIII
PERPLEJIDAD

Cuando el hermano Carlos vuelve a vivir la vida de soledad como en Nazaret, es entonces cuando, el 1 y el 8 de abril de 1905, recibe dos cartas de Laperrine invitándole a marchar en mayo, y durante todo el verano, al Hoggar. El hermano Carlos le responde que no podrá dejar Beni Abbés antes del otoño. Pero inmediatamente se pregunta en las Meditaciones sobre los santos evangelios del 8 de abril si no tiene la obligación de salvar a las almas y pone en labios de Jesús estas palabras: «En cuanto la obediencia te lo permita, haz todo lo que puedas para salvar las almas: sé salvador conmigo».

Y siete días más tarde expone en su diario su estado de ánimo:

«Me hallo perplejo. Por una parte, mi vocación es la vida de Nazaret, llevar perfectamente la vida de un hermanito del corazón de Jesús, ser un hermanito del corazón de Jesús perfecto y, consiguientemente, no salir de la clausura más que en el caso en que lo permite el reglamento, es decir, para fundar una nueva "fraternidad". Por otra parte, los oasis y los tuaregs están sin ningún sacerdote y ningún sacerdote puede ir allí. A mí, no solamente se me permite ir, sino que se me invita. Se me pide que vaya a países remotos y abandonados entre todos y yo me niego...»

El 10 de abril de 1905 manda un telegrama a Mons. Guérin pidiéndole su parecer y si puede pedir la opinión del padre Huvelin. Ocho días más tarde escribe una carta al padre Huvelin hablándole de la invitación de Laperrine y que de mayo a septiembre iría al Hoggar y en octubre estaría de vuelta en Beni Abbés. Le expone la perplejidad en que se halla. Siente que este segundo viaje sería de importancia capital y comprometería fuertemente su porvenir. Le haría como infiel a su vocación. Concluye que tiene que permanecer en Beni Abbés: si el primer viaje había sido accidental, el segundo sería una elección casi definitiva de esta vida fuera de la clausura.

«Enterrarme desde ahora en la vida de Nazaret, como se enterró Él mismo durante treinta años, como yo querría que se enterrasen mis hermanos, haciendo en lo posible el bien que Él hacía, sin buscar hacer el que Él no buscaba tampoco... Mirar todo lo demás, por seductor que parezca, como tentación del que se transfigura en ángel de luz. Eso es, creo yo, lo que hay que tomar como regla de mi vida, que no durará ya los treinta años pasados por Jesús en Nazaret»

Y al día siguiente le dice a su prima la Sra. de Bondy: «Estoy decidido a quedarme en Beni Abbés. Creo que ésta es la voluntad de Dios».

Mons. Guerin recibe el parecer del padre Huvelin y el 21 de abril de 1905 le envía al hermano Carlos el siguiente telegrama: «Inclinaría aceptara invitación, dejándole libre apreciar oportunidad según circunstancias». Esta respuesta recibida en Viernes Santo no es una fuente de alegría sino un nuevo camino desconocido. Sin embargo, escribe en su cuaderno:

«Sagrado corazón de Jesús, ¡qué bueno sois dándome hoy mismo, por la voz de aquellos a quienes vos dijisteis: El que a vosotros oye, a mí me oye, una orden inesperada, que sorprende mi espíritu y me lanza a dificultades, trabajos y fatigas»

E inmediatamente el hermano Carlos escribe a Laperrine preguntándole si no es ya demasiado tarde para partir. El 30 de mayo de 1905 recibe la respuesta afirmativa de Laperrine. Sin demorarse más, parte para Adrar con Pablo.

XLIX
LA VIDA DE NAZARET PUEDE LLEVARSE EN TODAS PARTES

Mientras desciende en ruta hacia el país de los tuaregs con la misión Dinaux sin saber lo que le reserva el futuro, querría, no obstante, evitar la vida itinerante. El 13 de julio de 1905 le dice por carta a su prima la Sra. de Bondy: «El porvenir está muy oscuro para mí. Parece indispensable establecerme en el Hoggar y pasar allí por lo menos algún tiempo todos los años. Esto parece ser la consecuencia de la decisión del señor cura de hacerme hacer este viaje. Haré lo que me parezca mejor»

En este momento el hermano Carlos ha llegado a una flexibilidad de vida y se sirve de la Regla como «directorio»: «La vida de Nazaret puede llevarse en todas partes: llévala en el lugar más útil para el prójimo»[68].

El 13 de agosto de 1905 la columna llega a Tamanrasset. Al día siguiente, el hermano Carlos comienza a construir su cabaña. Y el 26 de agosto le dice de nuevo a su prima:

> «Aquí veo, para mí, la vida de Nazaret por un tiempo indeterminado, con Pablo, que trabaja conmigo la huerta y fabrica platos de madera, procurando hacer poco a poco bien a las almas que me rodean y orando al único Amado»

Y al padre Huvelin le dice por carta el 3 de septiembre de 1905: «¿Hasta cuándo estaré aquí? Quizá para siempre. ¡Qué sé yo! Poco importa, con tal de estar donde Jesús quiere».

La misión Dinaux emprende el camino de regreso y Foucauld se queda solo en un país difícil y piensa en el martirio. El 16 de setiembre escribe de nuevo a su prima:

> «Mucho me felicito de haberme instalado en este país y en este punto del país. Aquí hay pocos habitantes fijos, una veintena de pobres chozas diseminadas sobre un espacio de tres kilómetros; pero hay muchos nómadas alrededor. Es el corazón de la tribu nómada más fuerte del país. Los nómadas y los escasos sedentarios han adoptado ya la costumbre de venirme a pedir agujas, medicinas, y los pobres, de cuando en cuando, un poco de trigo... Estoy abrumado de trabajo, pues quiero terminar lo antes posible un diccionario tuareg-francés y francés-tuareg. Como me veo obligado a interrumpir a cada momento el trabajo para ver indígenas o realizar menesteres menudos, esto

---

68 *Charles de Foucauld intime* (La Colombe, París 1952) 108

adelanta poco. Trabajo poco de manos y tengo muchas ganas de hacerlo. Pero, al mismo tiempo que monje, soy sacerdote, sacristán, misionero»

En una libreta de notas escribe, fiel a su método de procurar la amistad con los tuaregs mientras está todavía en ruta: «Ser el amigo de todos, buenos y malos, ser el hermano universal.» Con este espíritu, se encuentra con el amenokal, el jefe de los Hoggar, Moussa Ag Amastane, que el año anterior había visto con Laperrine y se ha hecho su amigo. Quería incluso que el amenokal se relacionara con una familia francesa. El hermano Carlos le acompañaría a Francia si fuera menester.

El 16 de diciembre de 1905 le dice por carta a su prima:

«Quieres saber lo que puedo hacer por los indígenas. No es posible hablarles directamente de nuestro Señor. Esto sería hacerles huir. Hay que inspirarles confianza, hacerse amigos entre ellos, prestarles pequeños servicios, darles buenos consejos, trabar amistad con ellos, exhortarles discretamente a seguir la religión natural, probarles que los cristianos los aman»

Carlos de Foucauld se ha dado cuenta de la inutilidad de las predicaciones para convertirlos. Lo que él tiene que realizar es sólo una obra de preparación, de primera roturación del campo. Esto es lo que le dice al padre Huvelin el 3 de abril de 1906:

«¿En qué consiste esta obra? Ante todo, en poner en medio de ellos a Jesús, a Jesús en el santísimo sacramento, a Jesús que desciende cada día en el santo sacrificio. Poner también en medio de ellos una oración, la oración de la Iglesia, por miserable que sea el que la ofrece... Luego hay que hacer ver a estos ignorantes que los cristianos no son lo que ellos suponen, que creemos, amamos y esperamos. Hay, por fin, que inspirar confianza a las almas, amansarlas, hacerse, si es posible, amigos. Después de este primer laboreo, otros podrán hacer más bien a estas pobres almas»

El 1º de octubre de 1906, en carta al abbé Caron le dice que:
«la evangelización directa es imposible en este momento. La única vida posible es la de Nazaret, en la pobreza, la abyección, todas las humillaciones, la adoración, trabajos manuales o intelectuales o mixtos, según las personas, según las necesidades y posibilidades»

L
HACER LO QUE
LAS CIRCUNSTANCIAS INDIQUEN

Carlos de Foucauld abandona su manera de vivir, que consistía en seguir lo más estrictamente posible el reglamento de los hermanitos del corazón de Jesús. Dándose cuenta de la imposibilidad de establecer de momento «fraternidades», el hermano Carlos se adapta y concibe una condición de vida nueva. El trabajo manual no es ya primordialmente agrícola, sino fabricación de objetos. El instalarse de un modo fijo en un país es reemplazado por una base móvil precaria. Ya no se ciñe a una dura estrechez de los reglamentos, sino a una gran sencillez evangélica.

El 13 de julio de 1905 había escrito por carta al padre Huveelin lo siguiente:

«Al presente, estoy preparando un pequeño establecimiento entre los tuaregs. No un comienzo de "fraternidad", como en Beni Abbés; una simple choza, donde sin tierra grande ni pequeña, sin cultivo, pueda yo vivir orando y fabricando cuerdas y escudillas de madera durante una buena parte del año, dependiendo lo menos posible de la tierra»

Después de partir de Beni Abbés, el hermano Carlos se da cuenta de que no puede esperar ya compañeros ni realizar una fundación como hubiese deseado. Ahora busca simplemente un solo compañero que venga a vivir con él. Esto es lo que escribe el 30 de diciembre de 1905 al padre Veyras, profesor de filosofía en el colegio san Estanislao de Nimes:

«Lo que busco en este momento no es un enjambre de almas que entren en el marco de una vida fija, para llevar estrictamente un género de existencia perfectamente trazado... No, lo que busco al presente es un alma de buena voluntad, que consienta en compartir mi vida en la pobreza, en la oscuridad, sin ninguna regla fija; que siga su atractivo, como yo sigo el mío. Sólo deseo de ella tres cosas: buena voluntad absoluta y profunda, deseo de ser toda de Jesús —aceptación gozosa de la más extrema pobreza, de todas las humillaciones y de todas las molestias— y consentimiento en seguir mis indicaciones, no en lo que concierne al interior, sino en lo que atañe a las relaciones exteriores con el mundo (éstas, so pena de hacer mal en lugar de bien, exigen la experiencia del medio que nos rodea)»

El hermano Carlos solo quiere hacer lo que las circunstancias le manden. Carlos de Foucauld va evolucionando. Ahora desea fundar una congregación que siga una vida de Nazaret más cercana de la vida pública. En diciembre de 1906 se le presenta un compañero, el hermano Miguel. El hermano Carlos decide entonces repartir el año, pasando el verano en el Hoggar, en Tamanrasset, y el invierno en Beni Abbés, como le dice por carta a su prima la Sra. de Bondy:

> «La presencia de un compañero me va a permitir tener frecuentemente en Tamanrasset exposición del santísimo sacramento. Será una grande gracia para el país, una grande gracia para mi joven compañero y para mí»

Pero esta alegría del hermano Carlos le duro poco tiempo: el hermano Miguel, agotado, tiene que dejarlo tres meses más tarde, causando al hermano Carlos una gran decepción.

Desde este momento, ya no le queda otro deseo que ser sustituido. El 6 de mayo de 1907 le dice por carta al padre Voilllard:

> «Yo me hago viejo, y querría ver a alguien mejor que yo que me reemplazara en Tamanrasset y otro mejor que yo que se instalara en Beni Abbés»

Este deseo permanece en todo tiempo presente a su espíritu. Y el 9 de febrero de 1908 le dice también por carta al padre Huveelin: «Sigo deseando y esperando tener un compañero». El 14 de junio de 1909 le vuelve a decir: «Sigo solo, el compañero deseado no aparece». Un mes más tarde, el 31 de julio le vuelve a decir: «¡Cuánto desearía tener un compañero, un sacerdote, para mejorar y perpetuar esta humilde obra! No veo venir nada». Entonces el padre Huvelin le invita a crear otras dos ermitas en país tuareg para repartirse entre ellas. La ermita de Asekrem en el corazón del Hoggar la construyó a comienzos de 1910. Así la describe a su prima la Sra. de Bondy por carta del 16 de diciembre de 1907:

> «Se compone de dos piezas: una habitación y la capilla. La habitación es bastante grande para que puedan estar dos. Ya sabe cuánto deseo un compañero»

Y, en diciembre de 1910, cuando se decide a ir de nuevo a Francia, aún tiene esperanzas de hallar allí un compañero.

TERCERA PARTE:
LA ENTREGA DEFINITIVA

LI
UN APOSTOLADO DE PRESENCIA

Fray Carlos expone su proyecto el 13 de mayo de 1911, en una carta al padre Antonino, trapense de Notre-Dame des Neiges, donde expresa que

«estos hermanitos tienen que ser excelentes sacerdotes y bien formados. Las "fraternidades" estarán compuestas por tres o cuatro hermanos, que llevarán una vida monástica, pero sin las minuciosas prescripciones de la Trapa. Dos tercios de la existencia de estos hermanitos les son comunes: ocho horas de oración, ocho horas de descanso. Pero el tercer tercio los diferencia radicalmente: ocho horas de trabajo manual o de trabajo apostólico»

Y más adelante añade:

«Según las aptitudes, las aficiones, las necesidades, según lo que crea ser voluntad de Dios, el superior de cada pequeño grupo de tres o cuatro dedicará a cada hermano, ora totalmente al trabajo manual, ora parte al trabajo manual y parte al apostólico, ora casi exclusivamente al trabajo apostólico»

Se trata, pues, de regirse por las circunstancias, a fin de dedicarse con la mayor eficacia posible a la evangelización. Tenemos aquí el pensamiento último de fray Carlos respecto a fundaciones.

El hermano Carlos tiene aquí una concepción eminentemente apostólica, pero permaneciendo fiel a su concepción de la vida de Nazaret: se trata de un apostolado de presencia, y no de actividades. El 11 de setiembre de 1911 escribe una carta a su amigo el duque de Fitz-James diciéndole:

«Harían falta buenos sacerdotes en número bastante grande. No para predicar, pues se los recibiría como se recibiría en pueblos bretones a turcos que vinieran a predicar a Mahoma, y peor aún, pues se añadiría la barbarie; sino para tomar contacto, hacerse amar, inspirar estima, confianza, amistad, esperar una aproximación entre la población y ellos, roturar el terreno antes de sembrar»

Según el Bulletin de l'Association Charles de Foucauld, en este momento de simplicidad,

«la adoración del santísimo, la oración y lecturas espirituales se dejan al gusto de cada uno o según las indicaciones de su confesor. La misma adoración eucarística es objeto de adaptación, pues no la inscribe ya como una obligación que cumplir de manera continua, sino como un consejo que seguir lo más posible, según lo que permitan las circunstancias. La evangelización de una región se remite a la prudencia y al juicio del responsable de la "fraternidad", que se adaptará flexiblemente al medio y a las circunstancias»[69]

El hermano Carlos, dentro de estas perspectivas de evangelización, inventa otras formas y otros métodos audaces. Así, piensa en el bien que harían en estos países tan lejanos al evangelio intermediarios laicos que, con su bondad silenciosa, preparasen el terreno. A este respecto, esto es lo que le dice por carta del 20 abril de 1906 a su prima la Sra. de Bondy:

«Acaso me sería posible encontrar enfermeras laicas, laicas de hábito, pero todas de Jesús de corazón, que

---

69 C. DE FOUCAULD, *Bulletin de l'Assotiation Charles de Foucauld*, 68,37.

consintieran y desearan venir a entregarse a Jesús y por Jesús tan lejos, en un sacrificio tan perdido, sin el nombre ni el hábito de religiosas, pero con el hecho, la verdad, el espíritu de la vida religiosa más completa y más perdida en Dios que quepa imaginar»

Cuando, el 6 de marzo de 1907, el hermano Carlos envía al hermano Miguel a El Golea, hace más de tres años que ha franqueado la clausura. Estos tres años han estado ocupados casi enteramente por largas correrías a través del desierto en busca de las ovejas extraviadas.

LII
DEJARSE LLEVAR
POR LOS ACONTECIMIENTOS

El hermano Carlos se deja conducir por los acontecimientos. De regreso a Tamanrasset, estando en ruta, escribe una carta a Monseñor Guérin el 2 de julio de 1907, donde se puede ver la evolución que se ha realizado en él:

«La cuestión que me propone usted sobre si vale más estar en el Hoggar sin poder celebrar la santa misa, o celebrarla y no ir allí, me la he propuesto yo muchas veces. Siendo el solo sacerdote que puede ir al Hoggar, mientras muchos pueden celebrar el santo sacrificio, creo que vale más, a pesar de todo, ir al Hoggar y dejar a nuestro Señor el cuidado de procurarme el medio de celebrar, si Él quiere (cosa que ha hecho siempre hasta ahora por los medios más diversos). Antes, me inclinaba a ver, por una parte, lo infinito, el santo sacrificio; por otra parte, lo finito, y todo lo sacrificaba siempre a la celebración de la santa misa. Pero este razonamien-

145

to tiene que fallar por algún lado; pues, desde los apóstoles, los más grandes santos, en ciertas circunstancias, han sacrificado la posibilidad de celebrar la misa a trabajos de caridad espiritual, viajes y otros»

El 6 de julio de 1907 el hermano Carlos se encuentra ya en Tamanrasset y reanuda su vida regular monástica. Tan solo puede celebrar misa, de tarde en tarde, cuando pasan los franceses. El 8 de setiembre escribe en su diario: «Sin misa, pues estoy solo». Y el 8 de diciembre, por carta, le dice a la Sra. de Bondy: «Sin misa. ¡Quiera Dios que se me conceda el permiso de celebrar solo o me dé un compañero! En esto y en todo, hágase su voluntad».

Y llegada la Navidad de 1907, el hermano Carlos le dice por carta a Mons. Guerin:

«¡Ay, sin misa hoy! Hasta el último minuto he esperado que vendría alguien. Pero no ha venido nadie, ni un viajero cristiano, ni un soldado, ni el permiso de celebrar solo. Hace tres meses, más de tres meses que no he recibido cartas... ¡Sea bendita en todo la voluntad del Amado!»

Y así se lamenta con su prima, por carta del mismo día de Navidad de 1907: «Esta noche, sin misa, por primera vez desde hace veintiún años. ¡Hágase la voluntad del Amado!».

El hermano Carlos pasa por un proceso de gran purificación. Todo lo que ha querido fundar se derrumba como una casa sobre la arena. Además, en Tamanrasset reina una gran miseria, ya que hace dos años que no ha llovido, como le dice por carta a la Sra. de Bondy el 17 de julio de 1907: «Es la hambruna absoluta en un país que vive sobre todo de leche, y donde los pobres viven casi exclusivamente de leche». Y el 22 de julio le dice:

«Siento un verdadero consuelo de poder aliviar un poco a estos pobres hambrientos. Al salir de aquí, hace un año, había dejado una gran provisión de trigo, mayor que la ordinaria, demasiado grande a mi parecer. Ahora bendigo a Jesús por haberlo hecho. Sin duda lo inspiró Él, pues ahora halla aquí muy buen empleo»

Pero las provisiones se van agotando y en estos tres años que ha estado viajando ha visto y comprobado lo que expresa en esta carta enviada al padre Huvelin el 22 de noviembre de 1907:

«En nuestra Argelia no se hace, por decirlo así, nada en favor de los indígenas. La mayor parte de los civiles sólo buscan aumentar las necesidades de los indígenas, para sacar de ellos más provecho. Sólo buscan su interés personal»

Y el 1 de enero de 1908 le vuelve a decir:

«Lo que los indígenas ven en nosotros cristianos, que profesamos una religión de amor, lo que ven en los franceses incrédulos que gritan "fraternidad" sobre todos los tejados, es negligencia o ambición o codicia, y en casi todos, por desgracia, indiferencia, aversión y dureza»

LIII
SU FIN PARECE PRÓXIMO

Carlos de Foucauld tiene cincuenta años y tiene la impresión de fracaso espiritual. El 1 de enero de 1908, en una carta al padre Huvelin hace esta reflexión:

«Más de veintiún años hace que usted me volvió a Jesús y es mi padre; cerca de dieciocho que entré en el convento. A los cincuenta años, ¡qué cosecha debiera tener para mí y para los otros! Y, en lugar de ello, yo no tengo más que miseria y desnudez, y a los otros no les he hecho el menor bien... Por los frutos se conoce el árbol y esto muestra lo que yo soy»

Al día siguiente extenuado por sus interminables marchas a través del desierto, gastado por las múltiples privaciones, el hermano Carlos, que, hasta entonces, no había estado nunca enfermo, se derrumba. Su fin parece próximo. Se ve obligado a interrumpir todo trabajo y guardar una inmovilidad absoluta. Pasados 22 días se va recuperando gracias a la delicadeza de los tuaregs, como bien le dice a Mons. Guerin en carta del 24 de enero de 1908: «Se han buscado para mí todas las cabras con un poco de leche, en esta terrible sequía, a cuatro kilómetros a la redonda».

Carlos de Foucauld es consciente de que el mensaje de Jesús se ha de transmitir con medios pobres. El 15 de enero de 1908 escribe una carta a Mons. Guerin diciéndole lo siguiente:

«Los medios de que Él se valió en el pesebre, en Nazaret y sobre la cruz son: pobreza, abyección, humillación, abandono, persecución, sufrimiento, cruz. Ésas son nuestras armas, las de nuestro Esposo divino, que nos pide le dejemos continuar en nosotros su vida, Él, el único amante, el único esposo, el único salvador y también la única sabiduría, la única verdad. No hallaremos a nadie mejor que Él, y Él no ha envejecido... Sigamos este modelo único y estaremos seguros de hacer mucho bien, pues entonces no somos nosotros los que vivimos, sino que Él vive en nosotros. Nuestros actos no son ya los nuestros, humanos y miserables, sino los suyos, divinamente eficaces»

En un momento en que todos sus proyectos no tienen salida, unos días antes, al felicitar a Mons. Guerin por carta el año nuevo, le dice lo siguiente:

«Que Jesús que ha establecido a usted apóstol y le ha encargado levantar la piedra de este sepulcro, le inspire, le dirija, viva en usted como vivió en Pedro, Pablo y sus discípulos. La obra de usted es semejante a la de ellos, su misión semejante, dada por la misma boca, igualmente auténtica, acompañada de los mismos poderes y de las mismas gracias... Que Jesús cumpla por medio de usted su voluntad, que su espíritu le dirija, que Él viva en usted, que en usted y por usted continúe su obra de salud sobre la tierra, y la cumpla en estas regiones desoladas de noche y muerte»

El hermano Carlos rápidamente se repone de su enfermedad. Y el 31 de enero de 1908 le llega la noticia que estaba aguardando hacía tanto tiempo y que ya no esperaba: se le autoriza a celebrar sin acólito. Su alma estalla de alegría. Pero, lejos de olvidar la prueba de este tiempo, recoge profundamente sus frutos con nuevos proyectos de evangelización. A comienzos de 1908, cuando el hermano Carlos estaba enfermo, mira la miseria del Hoggar, que sigue dolorosamente abandonada y descuidada. Y cuando se siente muy débil, cuando se halla desprovisto de todo, «se pone a buscar más apasionadamente que nunca los medios de salvar estas almas, por las que Él ha dado su sangre y que deberían ser amadas según esta medida», como le dice por carta a su prima la Sra. de Bondy el 25 de marzo de 1908.

De sus dificultades, de sus penas y de sus fracasos fray Carlos hace surgir una esperanza, como le dice por carta a Mons. Guerin el 1 de junio de 1908:

«Hay en la sagrada Escritura una palabra de la que, creo yo, hemos de acordarnos siempre, y es que Jerusalén fue reconstruida *in angustia temporum* (Daniel). Hay que contar con trabajar, durante toda nuestra vida, *in angustia temporum*. Las dificultades no son un estado pasajero que hay que dejar pasar como una borrasca, para volver al trabajo apenas se calma el tiempo. No. Son el estado normal. Hay que contar que toda nuestra vida, para todo lo bueno que queramos hacer, estaremos *in angustia temporum*»

Y añade:

«Aquí está san Juan de la Cruz para animarnos y decirnos: "No hemos de medir nuestros trabajos por nuestra flaqueza, sino nuestros esfuerzos por nuestros trabajos". Y santa Teresa añade esta palabra tan consoladora, tan fortificante, tan verdadera que ella se decía a sí misma en una acción emprendida para la gloria de Dios, pero de resultado incierto: "O Dios será glorificado, o yo seré despreciada. De las dos maneras gano". En efecto, si los esfuerzos que se hacen por la salvación de las almas quedan sin resultado para ellas, no por ello serán menos dichosos para el que los hace, pues el fracaso lo hace más semejante a Jesús, tan poco escuchado, tan poco seguido, tan despreciado, tan desdeñado, tan burlado durante su vida»

LIV
LO QUE ES IMPOSIBLE A LOS HOMBRES ES POSIBLE A DIOS

El 7 de febrero de 1908 el hermano Carlos escribe en una carta a Mons. Levinhac:

«Lo que es imposible a los hombres es posible a Dios y, puesto que todos los humanos deben creer en Jesús, todos pueden ser llevados a su fe. Acaso hayan de pasar siglos entre los primeros golpes del pico y la cosecha; pero cuanto antes se trabaje y mayores esfuerzos se hagan, más bendecirá el Señor los trabajos de sus siervos y hará madurar los frutos, pues Él da a quien pide y abre al que llama»

Estas palabras tendrán resonancia ocho años después al escribir a su prima la Sra. de Bondy por carta el 23 marzo 1916: «Lo que es imposible para los hombres es posible para Dios: *Caritas omnia sperat*. Dios ama y lo puede todo». Y después de su primer viaje a Francia, escribirá a Henry de Castries el 29 de mayo de 1909: «Voy a volver a mi trabajo cotidiano... Todo esto para llevarlos, Dios sabe cuándo, acaso dentro de siglos, al cristianismo».

Pero justamente cuando reconoce el fracaso de su vida y de todas sus empresas, articula sus más audaces y completos proyectos de evangelización. Cuando marchaba solo, camino de Tamanrasset, en septiembre de 1907, se detuvo en In Salah entre el 31 de agosto y el 8 de setiembre para hacer su retiro anual. Allí tuvo la idea de una nueva fundación, y allí puso sobre el papel sus primeros elementos. Los resume alrededor de las pascuas siguientes y compone los estatutos de la asociación que proyectaba: la Unión de los hermanos y hermanas del corazón de Jesús.

El hermano Carlos se siente muy pobre, muy miserable. Así se expresa por carta ante Mons. Guerin el 1 de junio de 1908:

«Yo, que no he podido llegar jamás a nada, que no he logrado tener siquiera un compañero, que no he tenido nunca más que deseos sin efecto, y cuyos planes de vida, constituciones y reglamentos no han pasado nunca de papeles inútiles. Durante la semana santa y la semana de pascua he escrito lo que pudiera ser la asociación, de todo sexo y condición, que tendría por uno de sus fines la conversión de los infieles. Estoy repasando este escrito y lo recopio durante los diez días que separan la ascensión y Pentecostés. En noviembre se lo mostraré. Si usted cree que contiene algo bueno, se servirá de ello... Mas, ciertamente, hay que hacer algo. Por una parte, Francia tiene, desde hace veinte años, un imperio colonial inmenso, que impone deberes estrictos de evangelización a los franceses cristianos, y hay que hacerles ver este deber e impulsarlos a cumplirlo. Y, por otra, aunque se los dieran, usted no convertiría con 10, 15, 20, 30 sacerdotes este vasto Sahara. Hay, pues, que buscar otros auxiliares que vayan desde ahora y durante años; y acaso durante siglos hay y podrá haber las dificultades que usted tiene»

Así, envía a Monseñor Guérin los rasgos generales de su proyecto, después de ver a los tuaregs, que ignoran la religión y a Jesús, que ha muerto por ellos. Y concluye en su carta: «Él ha dado su sangre por cada uno de ellos, y nosotros ¿qué hacemos? Si hacemos tanto como Él, esto basta. Pero ¿lo hacemos?».

LV
MISIONEROS AL ESTILO
DE SANTA PRISCILA

Ya el 13 diciembre 1905 había escrito una carta al reverendo padre Voillard expresando este sentir:

«¡Qué deseable sería que buenos cristianos o por lo menos gentes honradas no musulmanas hicieran este comercio y ocuparan este puesto! Seria cosa bien fácil; pero, ¿dónde hallar estas almas?... Vender cretona o tela de algodón azul a precios razonables sería un medio bien sencillo de atraer a todo el mundo hacia sí, de hallar todas las puertas abiertas, de romper todos los hielos... Si, junto con esto, el que vende es un alma buena, la buena impresión estará hecha, él tendrá amigos en todo el país y esto será el comienzo. Si, a falta de algo mejor, usted puede hallar algunas almas buenas dispuestas a hacer este comercio, que se sacrifiquen oscuramente por amor de Dios, ¡qué gran bien! Modestos comerciantes, honrados franceses serían acogidos con júbilo por las autoridades que se avergüenzan de sus compatriotas establecidos en el sur. Ningún francés viene a establecerse en los oasis, si no es como comerciante de alcohol. Es una vergüenza. Harían falta cristianos como Priscila y Aquila, que hicieron el bien en silencio, llevando la vida de comerciantes pobres. En relación con todos, se harían estimar y amar de todos y harían bien a todos... ¡Si usted pudiera mandarnos algunos comerciantes modestos de esta clase! Se ganarían la vida sin dificultad, las autoridades los recibirían con los brazos abiertos. No hay obstáculo alguno: bastaría encontrarlos»

A continuación, en la carta del 1 de junio de 1908 que envió a Mons. Guerin propone los medios prácticos de evangelización.

«Yo creo que serían menester dos cosas:

1ª. Una especie de orden tercera, sin el nombre de orden tercera, pero que bajo el nombre de sociedad, asociación o cualquier otro, tenga una cohesión, una disciplina y fuerza y mire como uno de sus objetivos la conversión de los infieles. Esta conversión es un deber estricto, en la hora presente, para los pueblos cristianos, cuya situación respecto a los pueblos infieles ha cambiado totalmente desde hace setenta años. Por una parte, casi todos los infieles son súbditos de los cristianos y, por otra, la rapidez de las comunicaciones y la exploración del mundo entero dan acceso relativamente fácil a todos ellos. De estos dos hechos se deriva un deber absolutamente estricto, sobre todo para los pueblos que tienen colonias: el deber de cristianizar.

2ª. Harían falta, no en todas partes, sino en los países en que existen dificultades como las que usted tiene, misioneros al estilo de santa Priscila, de uno u otro sexo, ora se los espigue acá y allá, ora se los agrupe para darles una preparación común antes de enviarlos. Yo creo que se los podría espigar acá y allá y que no faltaría dónde probarlos y prepararlos. Usted sabe que mi deseo de misioneros a lo santa Priscila es antiguo (Carlos de Foucauld había compartido esto por carta con Mons. Guerin el 21 de abril de 1902). Las dificultades actuales pueden durar siglos. ¿No ha compartido la Iglesia de todos los tiempos el *tolle, crucifige* de su esposo? La idea de una especie de orden tercera que tenga por uno de sus fines la conversión de los infieles me vino en septiembre último durante mi retiro.

Luego me ha vuelto frecuentemente con la consideración de que es un deber estricto y no sólo una obra de celo y de consejo para los pueblos cristianos trabajar fuertemente en la conversión de los infieles y, sobre todo, en la conversión de sus colonias»

LVI
EL APOSTOLADO DE LA AMISTAD

El 20 de septiembre de 1908, por carta, le plantea a su prima la Sra. de Bondy, con la perspectiva de hallar cristianos que aceptasen realizar este apostolado silencioso, la posibilidad de ir a Francia:

«Sufro viendo las almas que se pierden y el reino de Jesús que no se extiende por falta de obreros, porque si los obreros quisieran, podrían desde hoy hacer mucho bien. Me avergüenzo de nuestro país y de nuestro tiempo al ver lo poco que hacen. No es que no se haga nada; pero ¡se hace tanto menos de lo que se podría y debería hacer! No sé si no terminaré yendo a Argel para hablar esto con el superior general de los padres blancos y acaso a París para hablar con nuestro padre. Evidentemente, hay que hacer algo. Voy bien, pero me doy cuenta de que envejezco. Mi trabajo resulta cada vez más lento y de hombre cansado. Acabo de cumplir mis cincuenta años. Lo siento y quisiera tanto más dejar detrás de mí otros que ocuparan naturalmente mi lugar cuando yo desaparezca del todo»

El padre Huvelin le anima a venir a Francia. Entonces proyecta hacer ese viaje en la pascua de 1909. El 25 de diciembre, el hermano Carlos deja Tamanrasset y parte hacia el norte. En In Salah pasa dos semanas y después sube hacia Ghardáia, donde encuentra, el 5 de febrero de 1909, a Mons. Guérin. El 13 se halla en la Maison-Carrée, la casa madre de los padres blancos. Allí se encuentra con Mons. Livinhac, superior general, a quien le entrega los estatutos de la asociación, mostrándose muy favorable con esta iniciativa. El 16 de febrero se embarca rumbo a Marsella. El padre Huvelin le anima mucho a extender la Unión y le dice de confiar su proyecto a monseñor Bonnet, obispo de Viviers. Así pues, el 28 de febrero, el hermano Carlos visita a monseñor Bonnet, que lo aprueba formalmente.

El 6 de marzo de 1909 Mons. Bonnet envía al hermano Carlos esta carta:

«Sí, apruebo su proyecto y le deseo pleno éxito. Pero, si Dios quiere que se realice, ¡qué dificultades va a encontrar y por cuántos sufrimientos tendrá que pasar hasta conquistar su puesto en la santa Iglesia! Lo cual no es motivo para retroceder, sino más bien de poner valientemente manos a la obra»

Y le aconseja que busque en Francia un sacerdote que se preste a propagar la Unión.

El 7 de marzo de 1909, el hermano Carlos se embarca en Marsella rumbo a Argel. En la Maison-Carrée, da cuenta de su viaje a Mons. Livinhac, quien, el 19 de marzo, le manda también una carta de aprobación, y el 21 de marzo aparecen en Argel los estatutos de la Unión de hermanos y hermanas del corazón de Jesús. En junio de 1909, Carlos de Foucauld envía los estatutos (corregidos y refundidos) a Mons. Guérin para que los apruebe, pero Mons. Guérin, que quería ir a Roma para presentar los estatutos, muere unos meses más tarde. Al saber de su muerte, el hermano Carlos, sin saber en qué punto se habían quedado las cosas, en julio de 1910, suplica al padre Carón que busque un sacerdote dispuesto a ocuparse en la asociación y piensa en volver a Francia. El padre Huvelin muere el 10 de julio de 1910. Mons. Bonnet aconseja al hermano Carlos realizar el viaje proyectado, con el objeto de fundar la asociación, que tiene estos fines:

> «La obra tiene un triple fin: originar un retorno al evangelio en la vida de las personas de toda condición; acrecentar el amor a la santa eucaristía; producir un movimiento hacia la evangelización de los infieles. Se trata de establecer entre los infieles, a título de labradores, colonos, comerciantes, artesanos, propietarios, terratenientes, etc., excelentes cristianos de toda condición, destinados a ser un precioso apoyo para los misioneros y atraer, por el ejemplo, la bondad, el contacto, a los infieles a la fe. De los buenos cristianos que vivan entre los infieles, la cofradía hará una especie de misioneros laicos; llevará a expatriarse a buenos cristianos, para ser misioneros laicos entre las ovejas más extraviadas»

La Unión se inspira en los principios de la vida de Nazaret. En el capítulo XXXVI (tiene cuarenta, como la regla de los hermanitos) dice:

> «El papel de los hermanos y hermanas que no son sacerdotes ni religiosos, no es instruir a los infieles en la religión cristiana, ni acabar su conversión, sino prepararla haciéndose estimar de ellos, venciendo los prejuicios de ellos a la vista de sus virtudes, haciéndoles conocer, por sus actos más aún que por sus palabras, la moral cristiana. Disponerlos para ella ganando su confianza, su afecto y amistad familiar»

LVII
EL ESTABLECIMIENTO DE LA UNIÓN

Carlos de Foucauld emprende un viaje a Francia del 17 de febrero al 15 de marzo de 1911 con la finalidad de establecer la Unión. De esto tratan las conversaciones con el padre Crozier, que se correspondían con las preocupaciones de este santo sacerdote de Lyon y que invita a Joseph Hours, uno de sus dirigidos, a formar parte de la Unión. Éste escribe inmediatamente al hermano Carlos iniciando una larga correspondencia, que permite precisar los esfuerzos que hace Carlos de Foucauld en los últimos cinco años de su vida para realizar su proyecto.

En la primera carta que dirige al Sr. Hours, el 25 de noviembre de 1911, el hermano Carlos de Jesús expone los medios que emplear para la evangelización de los saharianos:

«Primeramente, preparar el terreno en silencio por la bondad, un contacto íntimo, el buen ejemplo; entrar en contacto, hacerse conocer de ellos y conocerlos; amarlos de lo hondo del corazón, hacerse estimar y amar de ellos; destruir de este modo los prejuicios, obtener confianza, ganar autoridad, que requiere tiempo. Luego, hablar en particular a los mejor dispuestos, muy prudente-mente, poco a poco, diversamente, dando a cada uno lo que es capaz de recibir. Los musulmanes son incapaces de discutir. La fe no puede nacer en ellos, con la ayuda de la gracia, sino de la autoridad que se tenga sobre ellos y de la vista de las virtudes cristianas practicadas delante de ellos. Antes de hablarles del dogma cristiano, hay que hablarles de religión natural, llevarlos al amor de Dios, al acto de amor perfecto. Cuando sean capaces de hacer actos de amor perfecto y de pedir a Dios de todo corazón la luz, estarán muy cerca de convertirse.

Cuando vean que los cristianos son hombres más virtuosos que ellos, más sabios que ellos, que hablan de Dios mejor que ellos, estarán muy cerca de decirse a sí mismos que acaso estos hombres no están en el error, y de pedir a Dios la luz»

En esta carta encontramos el medio más eficaz para la conversión del hermano Carlos: la amistad silenciosa de la señora de Bondy. «Usted me ha traído a la virtud por la bondad de esta misma alma... Puesto que esta alma es tan inteligente, la religión que ella cree tan firmemente no puede ser una locura, como yo pienso»[70]. Y esto es lo que le decía el padre Huvelin, como tiene anotado en su cuadernillo («lo que me ha dicho el padre Huvelin en mi viaje a Francia») de 1909:

> «Mi apostolado ha de ser el apostolado de la bondad. Al verme, ha de decirse: puesto que este hombre es bueno, su religión tiene que ser buena. Si se pregunta por qué soy dulce y bueno, tengo que responder que porque soy servidor de uno mucho más bueno que yo. ¡Si supierais lo bueno que es mi maestro Jesús! Quisiera ser lo suficientemente bueno para que se diga: si tal es el servidor, ¿qué tal será el señor?»

El 9 de enero 1912, en una carta a Josep Hours, desarrolla más su proyecto:

> «Sería menester que muchos franceses y francesas virtuosos y de todas condiciones, de todo estado, célibes y casados, religiosos, sacerdotes, religiosas, laicos, vayan a establecerse en los países del Islam, que se convertirá por el ejemplo de la virtud y por

70 C. DE FOUCAULD, *Écrits spirituels*, (de Gigord, París 1923) 81

el ardiente amor a estos hermanos, cuyas almas rescató Jesús sobre la cruz. Entrar en contacto con ellos, hacerse sus amigos, amarlos antes y hacerse amar de ellos, llevarlos a la virtud y, de la virtud y la buena voluntad, a toda verdad, vivir para salvarlos. He aquí el programa: Amor, amor, bondad, bondad»

Y el 3 de mayo de 1912, por carta también a Josep Hours, el hermano Carlos resalta la importancia de los laicos en la evangelización:

«Los mundos eclesiástico y laico se ignoran de tal modo que el primero no puede dar al otro. Es cierto que al lado del sacerdote hacen falta Priscilas y Aquilas que vean a los que el sacerdote no ve, que penetren donde el sacerdote no puede penetrar, que vayan a los que le huyen, evangelizando por un contacto bienhechor, por una caridad desbordante hacia todos, por un afecto dispuesto siempre a darse, por un buen ejemplo atrayente»

LVIII
LOS MEDIOS PARA SER APÓSTOL

En una extensa carta enviada a Josep Hours el 3 de mayo de 1913, Carlos de Foucauld se pregunta cuáles son las razones de la no conversión de las gentes. Y responde así: La falta de caridad:

«Faltan o son débiles las virtudes fundamentales, las mismas virtudes cristianas fundamentales: caridad, humildad, mansedumbre. Es el fondo mismo de nuestra religión y obliga a todo cristiano a amar al prójimo, es decir, a todo humano, como a sí mismo, y, consiguientemente, a hacer de la salvación del prójimo, como de la propia salvación, el gran asunto de la vida. Así pues, todo cristiano tiene que ser apóstol. No se trata de un consejo, sino de un mandamiento: el mandamiento de la caridad»

Y aquí expone el hermano Carlos los medios de ser apóstol, que se resumen en esto:
«Mirar a todo humano como un hermano querido. Ver en todo humano a un hijo de Dios, un alma rescatada por la sangre de Jesús, un alma amada por Jesús»

Condena todo método de fuerza:
«Arrojar lejos de nosotros todo espíritu militante. Jesús nos ha enseñado a marchar como corderos en medio de lobos, no a hablar con aspereza, con rudeza, ni a injuriar, ni a tomar las armas»

Sólo hay un medio para seguir ese ideal:
«Leer y releer continuamente el santo evangelio, para tener siempre ante el espíritu los actos, las palabras, las ideas de Jesús, para pensar, hablar y obrar como Jesús»

Y concluye:
«He ahí el remedio, a mi parecer. Su aplicación es difícil, porque toca a las cosas fundamentales, a las cosas interiores del alma, y la necesidad es universal. Pero la dificultad no ha de arredrarnos. Cuanto más grande sea, razón de más para poner en seguida manos a la obra y trabajar con todas las fuerzas. Dios ayuda siempre a los que le sirven. Dios no falta jamás al hombre. El hombre, sí, falta a menudo a Dios»

En febrero de 1913, el hermano Carlos no ha encontrado aún un sacerdote que quiera dirigir la Unión. Los estatutos fueron enviados a Roma y no hay respuesta desde 1911. Carlos de Foucauld decide volver a Francia por esta cuestión y acompañado de un joven targui, Ouksem, para mostrarle lo que son las familias cristianas; ya que las familias cristianas no vienen al Sahara, él llevará a un joven musulmán a Francia. El hermano Carlos y Ouksem permanecerán en Francia del 12 de junio al 28 de setiembre de 1913.

Durante estos tres meses, el hermano Carlos está muy ocupado en la asociación. El 15 de junio, Carlos de Foucauld es recibido por Mons. Bonnet. Del 16 al 18 conversa con el padre Crozier. El 22 de agosto, el hermano Carlos escribe a su prima:

«Estoy muy ocupado por los esfuerzos para establecer la asociación de hermanos y hermanas del corazón de Jesús. Hay algunos adherentes, poco numerosos; esto empieza a traerme una correspondencia bastante numerosa»

Con Louis Massignon visita, el 2 de septiembre de 1913, al padre Daniel Fontaine, párroco de Notre-Dame-Auxiliatrice, en Clichy, que será uno de los cuarenta y nueve primeros miembros de la asociación. Monseñor Bonnet le escribe que vaya a ver al cardenal Amette, arzobispo de París, para hablarle de su obra, cuando ya había encontrado al padre Laurain para ocuparse de la asociación. El cardenal le recibe el 6 de septiembre bastante fríamente. El 22 del mismo mes está en Lyon, donde el padre Crozier le entrega una lista de veinticinco personas que ha inscrito en la asociación. El 25 de septiembre pasa todo el día con el obispo de Viviers, que lo anima a proseguir su esfuerzo y autoriza la asociación en su diócesis.

El 8 de septiembre de 1913, en una carta enviada a Josep Hours antes de dejar a Francia, Carlos de Foucauld le expresa como ve él la asociación:

«Lo que veo como lazo entre los miembros de la cofradía son las relaciones de amistad que se les aconseja trabar y mantener entre los que pertenecen al mismo lugar. Se verán en las reuniones, se conocerán, han de trabar amistad y, en sus conversaciones amistosas, aparte hablar de todo lo que les interese, hablarán también del reino de Dios y de lo que los estatutos, el directorio y el director de la unión local les propongan a sus reflexiones y esfuerzos»

LIX
LA UNIÓN DE HERMANOS Y HERMANAS
DEL SAGRADO CORAZÓN

Carlos de Foucauld poco a poco va perfilando el cómo debe ser esta cofradía, marcada por una vida evangélica. Esto es lo que le dice a Josep Hours por carta el 10 de febrero de 1914:

«Siempre hay que hacer por el ejemplo, la bondad, la oración, trabando relaciones más estrechas con almas tibias o alejadas de la fe para llevarlas, poco a poco, a fuerza de paciencia, de mansedumbre, de bondad, por influencia de la virtud más que por los consejos, a una vida más cristiana o a la fe, entrando en relaciones amistosas con personas completamente contrarias a la religión para vencer, por la bondad y la virtud, sus prevenciones y llevarlas incluso a Dios... Es menester extender nuestras relaciones con los buenos cristianos para sostenerlos en el ardiente amor a Dios, y con los no practicantes, buscando tener con ellos no relaciones mundanas, sino de afecto cordial, llevándolos a tenernos afecto y estima y, por ahí, a reconciliarlos con nuestra fe. Hay que ser misionero en Francia como se es en países de infieles. Ésta es obra que nos toca a todos, eclesiásticos y laicos, hombres y mujeres»

Y en otra carta dirigida también a Josep Hours del 24 de julio del mismo año hace estas precisiones:

«Hay que reaccionar por la sencillez y la moderación en nuestra vida, por los esfuerzos, a fin de inspirarlas alrededor de nosotros; reaccionar, llenando, por la fraternidad cristiana, el foso abierto por la diferencia de condiciones, en nuestras relaciones de cada hora... Yo no creo que haya que hablar mucho ni escribir mucho, sino reformarse a sí mismo, reformar a los suyos, tratar de reformar suavemente, amigablemente, a aquellos sobre quienes se tiene influencia, y procurar extender esta influencia para extender la reforma. Es menester sobre todo obrar con constancia, sin desaliento, acordándose de que la lucha contra sí mismo, contra el mundo y el diablo durará hasta el fin de los tiempos. Obrar, orar, sufrir son nuestros tres medios»

El 1 de mayo de 1914, escribe una carta a su prima la Sra. de Bondy diciéndole: «Pienso ir a Francia a fines de abril de 1915 y pasar allí todo el verano. El fin de este viaje es el establecimiento de la proyectada cofradía». Y se propone tomarse todo el tiempo necesario para lograrlo. Por otra parte, quiere simplificar la organización de la asociación, a fin de facilitar la entrada a todos, pero la guerra le impide venir a Francia durante el verano de 1915. Las modificaciones no deberían ser muy importantes, pues en carta del 28 de abril de 1916, le dice por carta a Josep Hours:

«Sería menester que todos los cristianos hicieran de Priscila y Aquila. Yo se lo pido con usted a Dios. Amaos los unos a los otros como yo os he amado. En eso conocerán los hombres que sois mis discípulos. ¡Como yo os he amado! El divino Maestro nos ha amado trabajando en la salvación de nuestras almas y así hemos de amarnos los unos a los otros. Los otros son todas las almas, pues todos somos hermanos y sólo tenemos un Padre en el cielo. Hagamos como Priscila y Áquila. Dirijámonos a todos los que nos rodean, a nuestros conocidos, a los que están cerca de nosotros. Empleemos con cada uno los mejores medios: con unos la palabra, con otros el silencio, con todos el ejemplo, la bondad, el afecto fraternal, haciéndonos todo para todos, a fin de ganarlos a todos para Jesús»

Y dos meses antes de su muerte, el 1 de octubre de 1916, el hermano Carlos, por carta, resume el espíritu profundo y las grandes orientaciones de la asociación a su amigo Josep Hours:

«Necesidad de Priscilas y Aquilas, unión necesaria entre ellos, su acción individual y acción colectiva, necesidad que tienen de conocerse mutuamente, sacerdocio místico del alma fiel que se ofrece a sí misma y ofrece a Jesús por todas las intenciones del divino salvador (gloria de Dios, advenimiento de su reino, cumplimiento de su voluntad, salvación de las almas) y que, como Jesús, hace de la salvación de los hombres la obra de su vida»

LX
EL PRIMERO DE DICIEMBRE DE 1916

Carlos de Foucauld escribe tres cartas el 1 de diciembre de 1916: la primera, a Laperrine, que está en Francia, en el frente, para darle noticias de la región. La segunda a su prima, la Sra. de Bondy, en la que le dice:

«Cuando se quiere sufrir y amar, se puede mucho, es lo que más se puede en este mundo. Se siente el sufrimiento, no siempre siente uno que ama, y esto es un sufrimiento añadido; pero uno sabe que quiere querer, y querer amar, es amar. No amamos nunca suficientemente, verdaderamente, no amamos nunca lo suficiente, pero el buen Dios, que sabe de qué barro estamos hechos y que nos ama más que una madre ama a su hijo, nos ha dicho, y Él no miente, que no rechaza a quien vaya a Él»

Y la tercera a Louis Massignon, que dice así:

«Tamanrasset, 1 de diciembre de1916. Querido hermano en Jesús: Has hecho bien en pedir que te coloquen en la tropa. No hay que dudar nunca en pedir los lugares donde el peligro, el sacrificio, las pruebas sean mayores: el honor, dejémoslo para quien lo quiera, pero el peligro, el sufrimiento, reclamémoslo siempre. Los cristianos debemos dar el ejemplo del sacrificio y de la entrega. Es un principio al que hay que ser fieles toda la vida, con simplicidad, sin preguntarnos si hay orgullo en este comportamiento: es el deber, hagámoslo y pidamos al bienamado Esposo de nuestras almas hacerlo con toda humildad, con todo el amor a Dios y al prójimo. Has hecho bien. Camina por este camino con simplicidad y en paz, seguro de que es Jesús quien te ha inspirado seguirlo. No te inquietes por tu familia. Confía y confíala a Dios, y camina en paz. Si Dios te conserva la vida, cosa que le pido de todo corazón, tu casa estará más bendecida, pues estarás más unido a Jesús y tendrás más vida sobrenatural. Si mueres, Dios guardará a la Sra. Massignon y a tu hijo como tú les hubieses guardado. Ofrece tu vida a Dios a través de Nuestra Madre la Santa Virgen, en unión al sacrificio de Nuestro Señor Jesús y por todas las intenciones del Sagrado Corazón, y camina en paz. Ten confianza en Dios que te dará la mejor suerte para su Gloria, lo mejor para tu alma, lo mejor para las almas de los otros, porque todo lo que Él quiere, tú lo quieres, plenamente y sin reservas. Nuestro rincón del Sahara está en paz. Rezo por ti de todo corazón y al mismo tiempo por tu hogar. Carlos de Foucauld»

Cuando Foucauld termina de escribir al mediodía se encuentra solo en la ermita. Unos cuarenta senusitas llegan silenciosamente y llaman a la puerta. Foucauld abre. Lo atrapan, lo tiran delante de la puerta de la ermita, se pone de rodillas y calla. Le ordenan poner los brazos detrás de la espalda y se los atan a los tobillos. Le interrogan y solo dice, en árabe: «Voy a morir». Lo confían al cuidado de un muchacho de quince años y saquean la ermita. Alguien grita: «Vienen dos soldados». Les disparan. Y el muchacho, nervioso, dispara también sobre Foucauld. La bala entra por detrás de la oreja y sale por el ojo izquierdo. El drama ha durado un cuarto de hora.

Foucauld no murió como un soldado con las armas en la mano. Su muerte fue un accidente, ya que sus manos atadas a los tobillos indican que querían llevarlo como rehén sobre un camello. A lo largo de su vida Foucauld pedía el martirio. Y así fue. Si el grano no cae en tierra y muere no puede dar fruto. El testimonio de que la vida de Carlos de

Foucauld fue una vida entregada es que muchas personas siguen la espiritualidad de Nazaret que él nos trazó y hoy es un testimonio reconocido para la Iglesia Universal.

LXI
LAS MULTIPLES INTERPRETACIONES
DE SU VIDA

Desde que fue asesinado en Tamanrasset el 1º de diciembre de 1916, se han dado múltiples interpretaciones de su vida y de sus escritos. Si Carlos de Foucauld hubiese permanecido en la Trapa, o hubiese muerto en Akbès en 1916, en el momento de la gran masacre de los armenios, su mensaje se mostraría como una unidad más evidente, pero vivió como eremita en Nazaret, monje casi de clausura en Beni-Abbès, y finalmente como "misionero aislado" en el Sahara. Debemos, pues, intentar captar globalmente a todo el Foucauld.

Hubo un inicio del camino místico: la conversión de 1886, si bien ésta es el fruto de búsquedas y caminos anteriores. ¿Qué es lo que se instauró con esta conversión? La inserción de Foucauld en un amor loco hacia el Dios de Jesús que se le manifestó a él. Finalmente será el «hombre que hace de la religión un amor», como lo describió el padre Huvelin poco después de su conversión; pero en el momento y el choque de su conversión, Foucauld aparece como exclusivo en su amor: no quiere «vivir sino para Dios», por este Dios que quiere y a quien quiere responder amor con amor. No será más que poco a poco, meditando las escrituras, su amor apasionado por Jesús de Nazaret y sobre todo diversas circunstancias, lo que hará que sobrepasase este horizonte que culmina en la Regla escrita en 1899, escrito eremítico-monástico.

A partir de 1901, la voluntad de anunciar el Evangelio y de ser «salvador» con Jesús, llega a ser primordial para Foucauld. Son los siete primeros años marcados por Beni-Abbès, donde tiene una dependencia importante de la regla monástica de 1899. A partir de 1908, a la edad de cincuenta años, va más allá de esta regla y de toda clausura. Finalmente, los siete últimos años, están marcados por la evangelización.

Es legítimo que cada uno, según su conciencia y su vocación, se refiera al Foucauld de 1886 o de 1889, o al de Beni-Abbès, pensando legítimamente que el Espíritu Santo ha hablado a través de Foucauld en estos periodos y que uno le sigue en esas etapas. Pero no pueden decir que se trata de todo Foucauld, pues los discípulos del último Foucauld no desmerecen el primer estadio, el de los quince años que siguieron a su conversión, donde Foucauld vivió exclusivamente de la adoración y la contemplación.

Foucauld sospesa con realismo la fuerza del Islam y su profundidad. No convirtió a nadie durante sus quince años en el Sahara. Moussa, por ejemplo, no se convirtió al cristianismo, pero profundizó en su Islam del que llegó a ser fervoroso. Al principio Foucauld sufrió por su aparente fracaso: ante la ausencia de conversiones Foucauld pensaba que se debía a su falta de conversión personal, de no llevar una vida evangélica. Después, se dio cuenta que había otra cosa: una verdadera resistencia dogmática del Islam al Evangelio. Este Islam, que para él es racionalmente e históricamente infundado, ejerce un impacto extremadamente fuerte sobre la existencia de los tuaregs con los que vive. El 1º de enero de 1914 escribe a su prima, la Sra. de Blic, el impacto del Islam sobre Ouksem, joven que había conocido en Francia:

> «Él, su padre, su abuelo, su madre, y todavía otros son almas de buena voluntad, pero cesar de creer alrededor suyo en aquello que siempre se ha creído,

en lo que siempre se ha visto creer alrededor suyo, en lo que se ha amado y respetado, es difícil, sobre todo cuando se cree en un conjunto razonable y admisible»

Foucauld estima lo que hay de «razonable» en lo que viven los tuaregs musulmanes. No en vano había escrito a Henry de Castries en 1901, un mes antes de su ordenación, justo antes de partir hacia África del Norte: «El islamismo es extremadamente seductor: me ha seducido en exceso».

LXII
MARABÚ EN MEDIO DE LOS TUAREGS

Desde que Carlos de Foucauld se encuentra en territorio tuareg, vive en medio de una población diseminada. Desde su conversión hasta 1901, Foucauld vivió como sedentario en una comunidad, la Trapa. Más tarde en Nazaret a la sombra de otra comunidad, la de las Clarisas. A partir del Sahara su situación llegará a ser radicalmente diferente: viaja con frecuencia y vive en un ambiente no cristiano. Está en vanguardia como desbrozador. Va tejiendo lazos de amistad y es reconocido como marabú lleno de bondad.

En el Sahara un marabú es un hombre santo, descendiente de los sufíes y heredero de su influencia espiritual. Es una especie de asceta: primeramente, fue una especie de monje guerrero retirado en un rincón del Sahara; posteriormente se le considera un campeón de la fe, una especie de santo, a veces un ermitaño, hombre de oración, buen conocedor del Corán, famoso por su profunda piedad. Su prestigio hace que le consulten los doctores de la ley y lo tomen por árbitro y juez. Su influencia se extiende a toda una tribu e incluso a toda una región. A su muerte se le levanta una tumba, llamada igualmente marabú, a donde se acude en peregrinación. El poder del marabú sigue unido a este lugar, y se espera que pueda producir milagros. Por eso los musulmanes estrictos, como los reformistas, han luchado contra el marabutismo.

La perspectiva de "desbrozador" de Carlos de Foucauld, lo remite a los primeros siglos de la Iglesia, donde la evangelización del mundo no obedeció a un proyecto preestablecido, no se utilizó ninguna organización oficial dirigida por la autoridad jerárquica. Corresponde a un movimiento mucho más espontáneo y más profundo que se enraíza en la conciencia de los cristianos. Lo que fue determinante fue el ejemplo de la vida de los cristianos y de sus comunidades. Foucauld propone dar la primacía a un amor fraterno gratuito en el corazón mismo de las poblaciones no cristianas, en la esperanza y el Espíritu Santo, siguiendo el mensaje recibido del padre Huvelin en Nazaret el 18 de julio de 1899: «¿El bien a hacer? Se hace el bien por lo que uno es más que por lo que uno dice».

El 1º de agosto de 1916, cuatro meses antes de su muerte, escribe a Louis Massignon:

«Piensa mucho en los otros, reza mucho por los otros. Entrégate a la salvación del prójimo por los medios que tienes a tu alcance, oración, bondad, ejemplo, etc., es el mejor medio de probar al Esposo divino de que le quieres: "Todo lo que hacéis a uno de estos pequeños, es a mí a quien se lo hacéis" (...) No hay, creo, palabra del Evangelio que haya hecho en mí más impresión y transformado mi vida»

Y en un cuaderno Carlos de Foucauld anota el 1 de enero de 1916: «Jesús ha querido que su nombre de "Salvador" signifique la obra de su vida, la salvación de las almas; la obra de nuestra vida debe ser, a imitación del modelo único, la salvación de las almas».

LXIII
LA BIOGRAFÍA DE RENÉ BAZIN

Un eslabón esencial para esta vida póstuma de Foucauld ha sido la biografía de René Bazin. Después de la muerte de Carlos de Foucauld, Massignon piensa en seguida en una biografía. Entonces se acuerda de lo que Foucauld le había escrito el 11 de abril de 1916: «Es una persona que no conozco, pero que sus escritos están en gran armonía con los míos: El Sr. René Bazin». Y Louis Massignon escoge a René Bazin como biógrafo.

La biografía escrita por R. Bazin fue publicada en Plon el año 1921 y tuvo enseguida una gran acogida. Bazin, al escribir esta biografía, reveló a un público más amplio la figura de Foucauld, quien había sido asesinado en 1916 y cuya vida estaba marcada por una profunda búsqueda espiritual y un compromiso con la pobreza y el servicio a los demás.

Carlos de Foucauld, fue un hombre de múltiples facetas: militar, explorador, sacerdote y lingüista. Su obra y su espiritualidad han influido en muchas corrientes del cristianismo contemporáneo, especialmente en la espiritualidad del desierto. Bazin destaca no solo sus logros como explorador, sino también su transformación espiritual y su dedicación a vivir entre los pueblos más necesitados, lo que lo llevó a ser canonizado en 2022.

A partir de la lectura del libro nacieron distintos grupos: primero el de Suzanne Garde, las enfermeras laicas, en 1922. Años más tarde, la congregación de las hermanitas del Sagrado Corazón, que una viuda, la Sra. Alida Capart

Macoir, conocida en religión como Hermana Marie Charles de Jesús, después de leer a Bazin, la puso en obra en 1928 bajo los consejos de Massignon. Finalmente, la congregación de los Hermanitos de Jesús con René Voillaume en 1933.

Bazin realizó una biografía seria y honesta. Su trabajo es preciso y bien documentado. Pero el Dr. Dautheville, que vivió seis meses en Tamanrasset con Foucauld, cuando leyó la biografía de Foucauld, declaró:

«Yo lo he visto y conocido mucho más humano, mucho más interesado en los acontecimientos mundanos que lo describe el Sr. Bazin en su libro, donde hace de él un santo a punto de ser beatificado»

La biografía tuvo una lectura unilateral en un sentido monástico: Bazin había titulado el libro *Explorador de Marruecos, eremita del Sahara*, mostrando un carácter exclusivamente eremítico de Foucauld y sin captar suficientemente toda la dimensión de su existencia. Más tarde Bazin, consciente de la reducción que había hecho de Foucauld, en 1923 publicó una pequeña antología de textos foucouldianos con el nombre de *Escritos Espirituales*, añadiendo a la expresión «ermitaño en el Sahara», los términos «apóstol de los tuaregs».

Otras inserciones, por citar algunas, alrededor de la herencia de Foucauld se han realizado junto a la mediación de Louis Massignon y la de René Bazin: René Voillaume o Albert Peyriguère; la hermana Marie Charles, la hermana Magdeleine, Guy Riobé. Todas estas mediaciones hacen referencia a los tres ejes primitivos de Foucauld: intentar vivir el Evangelio según el modelo de vida de Jesús de Nazaret; vivir a Jesús Resucitado en la Eucaristía hoy con toda la humanidad; irradiar el Evangelio, dar a conocer el Corazón y la Cruz de Cristo, signos del amor loco de Dios por todos los hombres, en especial allí donde estos signos no son conocidos. Los hermanos y hermanas de Carlos de Foucauld tienen esto de universal, que están dispersos por todo el mundo encarnándose en el país y con gran variedad de estados de vida y vocaciones.

El proceso de beatificación y canonización de Carlos de Foucauld ha sido largo y meticuloso, reflejando la profunda influencia de su vida y su espiritualidad. La causa para la beatificación de Carlos de Foucauld se abrió en 1927, pocos años después de su muerte. En esta etapa inicial, se recopilaron sus escritos y testimonios sobre su vida, verificando su reputación de santidad y virtudes heroicas. Setenta y cuatro años después, en 2001, la Iglesia lo reconoció formalmente como Venerable, confirmando que Carlos vivió las virtudes cristianas de manera heroica. El año 2005, gracias a la confirmación de un milagro atribuido al hermano Carlos sobre la curación inexplicable de un joven en 1984 en Francia, el Papa Benedicto XVI lo declaró Beato. Finalmente, después de documentar otro milagro atribuido a la intercesión de Carlos de Foucauld en el que un trabajador de construcción cayó desde una altura considerable y no sufrió lesiones graves, el 15 de mayo de 2022, el Papa Francisco lo declaró santo en una ceremonia en la Plaza de San Pedro.

LXIV
MASSIGNON,
CONTINUADOR DE LA OBRA DE FOUCAULD

Carlos de Foucauld y Louis Massignon tuvieron una relación profundamente significativa y espiritual. Ambos compartieron un camino de conversión y un compromiso con la pobreza y el servicio a los demás, lo que los unió en una amistad basada en valores comunes y una búsqueda de lo sagrado.

Carlos de Foucauld, conocido por su vida entregada en medio de los tuaregs en el desierto argelino, influyó en Massignon, quien lo consideraba un hermano mayor en la fe. Massignon, un destacado islamólogo y místico, se sintió atraído por la espiritualidad de Foucauld y su dedicación a vivir entre los pobres. A pesar de que sólo se encontraron un par de veces, su conexión fue intensa; pasaron una noche de adoración juntos en 1909, lo que marcó un momento importante en su relación.

Después de la muerte de Foucauld en 1916, Massignon continuó su legado, participando en la asociación que Foucauld había fundado y ayudando a difundir su mensaje a través de su propia obra y escritos. La correspondencia entre ellos, que incluye cartas donde Foucauld expresaba su deseo de vivir en peligro y sacrificio, refleja la profundidad de su amistad y su compromiso mutuo con la fe.

Massignon, como heredero y continuador de la obra de Foucauld, publica el año 1917 el *Directorio*, escrito por el hermano Carlos en 1909 con adiciones en 1913, e impulsa la Asociación que había sido constituida por Foucauld en 1901 y que tiene su primera sesión el 6 de abril de 1925. A partir de 1917 muchas son las personas que vienen a conocerlo y a pedirle consejo sobre las intenciones de su amigo y hermano mayor Carlos de Foucauld. Así, una joven laica francesa tunecina de veintisiete años de edad, Suzanne Garde, en 1923 realiza la «primera fundación laica». Posteriormente, la señora Macoir-Capart, que había leído la biografía de René Bazin, al quedarse viuda en 1928 con cuarenta y tres años de edad, quiere realizar la regla indicada por Foucauld para una congregación femenina; entra en contacto con Louis Massignon y después de realizar un doble noviciado en las Trapistas y en las Siervas del Santísimo Sacramento, se crea en

Mazes, Montpelier, en agosto de 1933, la primera congregación: Las hermanitas del Sagrado Corazón. El 8 de septiembre de 1933, el padre René Voillaume, que se había encontrado el 1 de diciembre de 1926 con Louis Massignon en el Seminario de San Sulpicio, junto con otros cuatro compañeros, en la basílica de Montmatre, tomaron el hábito de «hermanitos». Parten de París hacia Cheikh, en el Sur de Argelia, donde establecen su fraternidad. Al comienzo se llaman Hermanos de la Soledad, pero pronto se llamarán Hermanos de Jesús. Las Hermanitas de Jesús nacieron en 1939. Será después de la segunda guerra mundial cuando las fraternidades tendrán un gran impulso.

En 1936 Massignon reunió en torno a él un grupo de miembros de la Asociación Foucauld que querían practicar el *Directorio* como regla de vida. A este grupo lo llamó Sodalidad del Directorio, grupo que ahora se llama Unión de hermanos y hermanas de Jesús Sodalidad Carlos de Foucauld[71].

LXV
LAS HERMANITAS DEL SAGRADO CORAZÓN

La fundadora de las Hermanitas del Sagrado Corazón del padre Foucauld es Alida Capart Macoir, conocida en religión como Hermana Marie Charles de Jesús. Nació en Bélgica en 1896. Desde joven mostró una profunda espiritualidad y un fuerte deseo de servir a los demás. Se casó y tuvo hijos, pero tras la muerte de su esposo, decidió consagrar su vida a Dios. Se sintió profundamente inspirada por la espiritualidad de Carlos de Foucauld y en 1933, después de diez y siete años de su muerte, fundó en

---

71 Cfr. JL VÁZQUEZ BORAU, *Louis Massignon místico cristiano y profeta del Islam* (Anawim, Madrid 2024)

Montpellier, en el sur de Francia, las Hermanitas del Sagrado Corazón, inspirándose en la vida y espiritualidad de Carlos para consagrarse a Dios y seguir sus enseñanzas.

La congregación comenzó con un pequeño grupo de mujeres jóvenes de diversos países, incluyendo Argelia, Grecia, Alemania y Francia. Estas mujeres compartían el deseo de vivir una vida de oración, simplicidad y servicio a los más necesitados, siguiendo el ejemplo de Carlos de Foucauld. La vida de Alida Capart Macoir estuvo marcada por su dedicación a la espiritualidad y a la misión de las Hermanitas del Sagrado Corazón. Bajo su liderazgo, la congregación creció y se expandió a varios países, siempre enfocada en ayudar a los más necesitados y vivir en comunidades fraternas. Su liderazgo y visión ayudaron a establecer una comunidad que continúa su labor hasta el día de hoy.

Las Hermanitas del Sagrado Corazón del Padre Foucauld se dedican a una variedad de actividades centradas en la oración, la adoración eucarística y el servicio a los más necesitados. Sus principales actividades incluyen:

1 **Oración y Adoración:** Las hermanitas dedican gran parte de su tiempo a la oración y a la adoración eucarística, siguiendo el ejemplo de Carlos de Foucauld.

2 **Servicio a los Necesitados:** Trabajan en comunidades pobres y marginadas, ofreciendo apoyo y asistencia a los enfermos, inmigrantes y personas en situaciones vulnerables.

3 **Vida Comunitaria:** Viven en pequeñas comunidades fraternas, llevando una vida sencilla y acogedora, con el objetivo de amar a Dios y a los demás como hermanos de Jesús.

4 **Educación y Formación:** En algunos lugares también se dedican a la educación y formación espiritual, ayudando a las personas a profundizar en su fe y a vivir de acuerdo con los valores cristianos.

Estas actividades reflejan su compromiso con la espiritualidad de Carlos de Foucauld y su deseo de vivir una vida de amor y servicio. La hermana Marie Charles de Jesús fue una figura clave en la consolidación de la espiritualidad de Carlos de Foucauld y en la difusión de su mensaje de amor y de servicio.

LXVI
EL TESTAMENTO ESPIRITUAL DEL PADRE PEYRIGUÈRE

Para que el padre Peyriguère pudiese dar un salto tan escalofriante como el de pasar de una vida de sacerdote profesor de seminario en Francia, a llevar una vida de monje-misionero en El Kbab, hay que tener en cuenta dos movimientos. Uno interior, hecho de un realismo y una fortaleza singular para llevar a término su ideal de sacerdote entregado a Cristo; y otro exterior, hecho de las vicisitudes y circunstancias que Dios le pone día a día en su vida para que se abandone cada vez más en sus manos y olvidándose de sí mismo, se deje conducir por el Espíritu[72]. Veamos lo que nos dice el padre Peyriguère en su «Testamento espiritual», escrito el l0 de febrero de 1959, pocos días antes de su muerte:

«El mensaje del padre Foucauld es de una riqueza muy densa y compleja. Más que una espiritualidad particular, es simplemente, nos atrevemos a decirlo, una visión del Misterio Cristiano... tal como se ha mostrado a los Padres de la Iglesia, ante todo un mundo al que había que convertir tal como debe ser propuesto a los hombres de Dios si queremos que

---

72 Cf. R. GIRÓ, «Albert Peyriguère»: *Jesus Caritas* n° 22 (Murcia 1980)

nos escuchen. Muchos son los que vienen a beber de su fuente. Todos, por diferentes que sean unos de otros, deben tener el derecho de inspirarse en el padre Foucauld. Perdidos en la muchedumbre, aislados y viviendo este ideal cada uno en su estado de vida, tal vez alguno o alguna viviéndolo en común, a ellos nos dirigimos. Se adhieran o no abiertamente, en el anonimato o nominalmente, al padre Foucauld, el hecho es que están en su línea. Esta doctrina misionera del padre Foucauld no está simplemente destinada a los sacerdotes y religiosos. También los seglares pueden ser llamados a hacerla suya y a informar con ella su vida. ¡De qué manera, a cada instante, Foucauld recuerda que todo cristiano es responsable del destino del Misterio de la Encarnación, en sí mismo, sin duda alguna, pero también en el mundo entero! Para él nuestra vocación cristiana se nos ha dado como una vocación de salvadores. Él mismo ha llevado en sí la magnífica obsesión de integrar la preocupación misionera en el cristianismo tal como la ha vivido y propuesto que se viva. A pesar de que ciertas expresiones parecen más bien dirigidas a los sacerdotes y religiosos, nuestro lenguaje se dirige a todos los seglares, estén donde estén y sea cual sea su estado de vida»[73]

No hace falta insistir sobre la universalidad del mensaje del padre Foucauld, tan profundamente vivido por el padre Peyriguère, que llega a una serie de formulaciones muy claras. Pero también vivió esta preocupación por llevar a todos los cristianos el mensaje que había sido el centro de su vida.

---

73 A. PEYRIGUÈRE, *El tiempo de Nazaret* (Nova Terra, Barcelona 1968) 185-186

En una carta del año 1945, el padre Peyriguère escribe a un amigo poniendo de manifiesto el mensaje misionero de Foucauld al final de sus días, como si fuese el propio del padre Peyriguère:

«Poniendo a punto nuestra doctrina misionera, Y habiendo de proponerla por primera vez al gran público, me doy cuenta de que mis ideas han evolucionado singularmente respecto a la forma que podrían tomar esos grupos, formados espontáneamente por los que se habrían adherido y quisieran consagrar su vida a la práctica de esta doctrina. Mis horizontes ahora van más allá de los horizontes de la carta y toman toda la dimensión de los horizontes de la Asociación. Es un hecho que el padre Foucauld al final de su vida olvidó casi todos sus proyectos de reglas. Sus preocupaciones parecían casi totalmente centradas en el *Directorio* y en la voluntad de proponerlo al mayor número posible de almas y de hacerlo vivir. De otra parte, pensaba ir a instalarse a Francia y permanecer todo el tiempo que fuera necesario para poner en marcha esta Asociación. Almas penetradas de su espiritualidad misionera, que estuviesen completamente disponibles para lo que la obra misionera reclamase de ellos y bajo la forma que ella reclamase: he aquí lo que él quería dar a la Iglesia misionera, el instrumento que quería forjar para ella... Algo totalmente libre en relación a una regla, sin atarlo a cuestiones de reglamento, de hábito, de espíritu particular, etc. al servicio total y único de la Iglesia misionera, fuera lo que fuera lo que se les pidiese. Elementos comprometidos, definitivamente o por el tiempo que hiciera falta, en todos los ambientes, sacerdotes, religiosos, laicos e incluso familias. En algún caso la primera penetración misionera tan sólo podría ser posible dando paso en primer lugar a unos Priscila y Aquila. ¿Bajo qué forma, en qué estructura, muy amplia, evidentemente, pero asimismo real, se agruparían todos estos elementos? Estoy tal vez a punto de concebirlo. Tanto los grupos de la regla, como los grupos de la carta, podrían existir en el interior de un organismo muy amplio... Una "sociedad", una familia de almas donde fueran aseguradas la estabilidad y la cohesión, una cohesión y estabilidad bien reales y bien sólidas, pero con el mínimo, tan sólo el mínimo necesario, de encuadramiento exterior y una forma canónica nueva a encontrar»[74]

LXVII
RENÉ VOILLAUME Y LAS FRATERNIDADES

En mayo de 1946 se funda en Aix-en-Provence la primera fraternidad obrera de los hermanitos de Jesús fundados por René Voillaume. A partir de aquí se abre un período particularmente fecundo para la Fraternidad. La abundancia de vocaciones y la consecuente multiplicación y dispersión de las fraternidades caracterizaron los años siguientes. Así, a finales de 1946, doce hermanos habían hecho la profesión perpetua, otros tantos entraron al noviciado, y cinco pronunciaban sus primeros votos. A comienzos de 1951, el número de profesos se había triplicado y estaban distribuidos en dieciséis fraternidades. Es durante esos mismos años cuando el padre Voillaume escribirá las cartas y conferencias que en 1949 serán policopiadas y al año siguiente (1950) publicadas bajo el

---

74 Carta inédita del padre Peyriguère, que se encuentra en la Biblioteca Foucauld de la Comunidad de Jesús.

título *En el corazón de las masas*. En estos escritos del prior de los Hermanos de Jesús, se encuentra la base de la espiritualidad futura de las Fraternidades. El libro conocerá más de una docena de traducciones y numerosas reediciones, manifestando así que su interés superaba ampliamente los límites de las Fraternidades. Por esta misma época aparecen las nuevas Constituciones de los Hermanos de Jesús (1951), donde se expresa su fisonomía:

> «Los Hermanos de Jesús imitan, ante todo, la vida laboriosa de Jesús obrero en Nazaret, llevando a cabo en la pobreza una vida de trabajo, en contacto íntimo con los hombres, mezclados con ellos como la levadura en la masa, a fin de contribuir por el testimonio de sus vidas más que por sus palabras, a hacer conocer y amar a Jesús, Hijo de Dios, y a establecer entre los hombres, por encima de todas las divisiones de clases, razas y naciones, la unidad fraternal del amor del Salvador (art. 3)»

Las Fraternidades crecen y se afianzan gracias a la afluencia de vocaciones. En mayo de 1959 ya son cincuenta. Igualmente significativo resulta el hecho de su implantación en medios muy variados. Ante tal multiplicación de las fraternidades, Voillaume se ve obligado a viajar constantemente y por todos los continentes, utilizando con frecuencia la vía epistolar para seguir en contacto con los Hermanos. Como fruto de este período aparecerán sus *Cartas a las Fraternidades*. El primer volumen, *Testigos silenciosos de la amistad divina*, recogerá escritos dados a luz entre 1954 y 1959. El segundo, *A causa de Jesús y del Evangelio*, abarca otros, surgidos entre 1949 y 1960. El tercero, *Por los caminos del mundo*, recopila cartas escritas entre 1959 y 1964. Si bien durante estos años serán publicados numerosos artículos suyos en medios diversos, lo contenido en estas cartas viene a continuar y a completar, desde el contacto con la experiencia de las fraternidades, lo que Voillaume ya expuso en el libro *En el corazón de las masas*.

Surgirán también, en aquel tiempo, la Fraternidad Jesús-Caritas (Instituto Secular Femenino) y la Fraternidad Sacerdotal Iesus-Caritas, desarrollándose, asimismo, la Fraternidad Secular Charles de Foucauld. La palabra del padre Voillaume es requerida por unos y otros, así como por las Hermanitas de Jesús. Esto ha hecho que la transmisión del mensaje del padre Foucauld por parte de René Voillaume, trascienda progresivamente las fronteras de su Congregación. Por otra parte, en 1956, permaneciendo Voillaume como prior de los Hermanos de Jesús, fundó los Hermanitos del Evangelio. Estos, en el mismo espíritu de contemplación, pobreza y humilde caridad fraterna propio de Carlos de Foucauld, tendrán por misión la evangelización de los ambientes pobres y más alejados de Dios, a través del testimonio, la palabra y la creación de nuevas comunidades cristianas. Razones análogas llevarán a Voillaume a fundar, en 1963, las Hermanitas del Evangelio. En 1965 el P. Voillaume dimitirá como prior de los Hermanitos de Jesús, cargo que ejercía desde la fundación en 1933, para poder dedicarse con mayor libertad a las Congregaciones más jóvenes. La Fraternidad de los Hermanos de Jesús fue elevada, en 1968, a Congregación de derecho pontificio[75].

---

75 JL. VÁZQUEZ BORAU, *René Voillaume y las Fraternidades del padre Foucauld* (Fundación Emmanuel Mounier, Madrid 2024)

LXVIII
MAGDELEINE HUTIN,
FUNDADORA DE LAS HERMANITAS DE JESÚS

La hermanita Magdeleine ha conocido los dramas de nuestro tiempo. Su perspectiva alcanzó a todos los continentes y los rincones más ocultos. En sus muchos viajes descubrió siempre a los pobres y excluidos. Viajó a regiones inaccesibles, no se arrendó ante ninguna frontera e hizo amistades allí donde reinaba el odio desde generaciones. En una Iglesia que se repliega, su osadía nos ayuda a no ceder ante el propio compromiso. No traicionó ninguna de sus visiones, sino que, con una amplia inspiración, llevó a cabo lo que era correcto. Y nos invita a practicar el ecumenismo de la amistad, acercándonos a otros creyentes para aprender de ellos.

A menudo es difícil explicar por qué las Hermanitas comparten su vida con los hombres sin proponerse mejorar activamente sus condiciones de vida. Muchas veces no se comprendía cuál era el sentido de compartir la vida con los pobres, sin más propósito que éste. El mismo obispo De Provencheres, un gran amigo de las hermanitas, tuvo al principio sus dificultades:

«Nada me había preparado para estar abierto a estas contemplativas que unían la espiritualidad de las carmelitas con la de las hermanas de san Vicente de Paúl. Los obispos de países de misión, que esperaban religiosas que trabajaran como maestras, catequistas o enfermeras, se quedaban perplejos al ver que estas religiosas trabajaban como mujeres de la limpieza o como pastoras de cabras. Pero en contacto con ellas pude comprender que hay otra forma de vida contemplativa: la conjunción de la aparente inutilidad de la oración con la inmersión entre los despreciados de este mundo»[76]

La hta. Magdeleine se desmarca claramente de cualquier forma de apostolado oficial, ligado a determinadas instituciones como escuelas u hospitales. Los resultados y las estadísticas no son importantes para ella, que sólo quiere ser, entre los pobres, los sencillos y los maltratados, «una de ellos». No viene a ellos como superiora para conducirlos, educarlos o enseñarlos, sino para amarlos como se amaría y se ayudaría a los amigos, a las hermanas y hermanos, a las demás personas. ¡Éste es su camino! Sabe que determinados ambientes permanecen cerrados para ella si su intención no es sólo la de ser «una de ellos». Las hermanitas experimentan que la aparente ineficacia de su vida puede a veces ser dolorosa. Toda la vida de las hermanitas se convierte de esta manera en un Evangelio vivo, y tanto el trabajo, el estilo de vida, el compartir, la hospitalidad, sirven para «predicar el Evangelio». Se trata de un «testimonio de vida» que todos los pobres entienden y que todos los cristianos pueden vivir. Esta forma de apostolado es muy inmediata, según la hta. Magdeleine:

> «Nuestra vocación es actuar para que Cristo sea amado a través de nosotras, de nuestra amistad, nuestra ternura, nuestro amor... y quizá sea ésta una de las formas más directas de apostolado»[77]

Más tarde, las Hermanitas encontrarán para ello la expresión «apostolado de la amistad».

---

76 A. DAIKER, *Hermanita Magdeleine* (Sal Terrae, Santander 2003) 144
77 Ibíd., 145.

LXIX

CARLO CARRETTO
Y LAS FRATERNIDADES DE DESIERTO

Carlo Carretto (1910-1988) aunque en su juventud fue activista de la Acción Católica Italiana, en los años 50 tuvo un cambio de vida radical, cuando se sintió llamado a vivir en el desierto del Sahara, inspirado por la figura de Charles de Foucauld. Dejó la vida pública en Italia y se unió a los Hermanos de Jesús, congregación que buscaba vivir una espiritualidad sencilla y en contacto directo con Dios en lugares alejados y marginados. Su experiencia de soledad y oración en el desierto lo llevó a escribir obras influyentes como *Cartas del desierto*, donde plasma su visión espiritual y reflexiona sobre la relación con Dios y la vida en sociedad. Estos escritos han inspirado a muchos cristianos en su camino espiritual.

Carlo Carretto, después de ingresar en los Hermanos del Evangelio, fundación también realizada por el hermano René Voillaume regresó a Italia y fundó, junto con otros hermanos, la Fraternidad de Spello, en la región de Umbría. La comunidad de Spello, también inspirada en el carisma de Carlos de Foucauld, se centraba en vivir una fraternidad auténtica y sencilla, con valores de humildad, servicio y pobreza. En este lugar, Carretto continuó su misión de escribir, reflexionar y acompañar espiritualmente a personas que se acercaban buscando una experiencia de fe profunda.

La Fraternidad de Spello se convirtió en un símbolo de vida comunitaria y de reconciliación, un espacio donde Carretto enseñaba que la fraternidad es esencial en la experiencia cristiana y que la vida comunitaria, cuando está bien orientada, puede ser una forma de acercarse a Dios a través del amor y la unidad con los demás.

Podemos decir que la Fraternidad de Spello es una fraternidad de desierto, acogida y oración porque sus fundamentos están profundamente inspirados en la espiritualidad del desierto y el carisma de Carlos de Foucauld, los cuales Carlo Carretto asumió y adaptó para su comunidad en Spello.

1. Fraternidad de Desierto: Al igual que los monjes y ermitaños que buscaban en el desierto un espacio de soledad para acercarse a Dios, la Fraternidad de Spello se concebía como un «desierto espiritual». Aunque no se ubicaba en un desierto físico como el Sahara, era un lugar apartado y tranquilo en la región de Umbría, donde se promovía el silencio, la reflexión y la vida sencilla. Carretto creía que el «desierto» es una metáfora para la experiencia de apartarse del ruido y las distracciones del mundo para encontrarse con Dios en la soledad y el silencio del propio corazón.

2. Fraternidad de Acogida: La comunidad estaba abierta a todo tipo de personas, buscadores espirituales, quienes acudían a Spello en busca de paz, acompañamiento espiritual y un lugar donde encontrar respuestas. Esta acogida reflejaba el deseo de Carretto de vivir el Evangelio de manera práctica, compartiendo el amor de Cristo con todos. La Fraternidad ofrecía hospitalidad y un espacio de escucha y apoyo, lo cual era una extensión de la visión de Charles de Foucauld de «ser el hermano universal» y abrir los brazos a todos.

3. Fraternidad de Oración: La oración ocupaba un lugar central en la vida de Spello. Los miembros de la fraternidad, siguiendo la espiritualidad de los Hermanos de Jesús, dedicaban su vida a la oración contemplativa, que era tanto individual como comunitaria. La oración era vista como el centro de la relación con Dios y una forma de interceder por las necesidades del mundo. En este sentido, la Fraternidad se convertía en un espacio donde la oración sostenía tanto la vida interior como la misión de servicio y acogida[78].

En resumen, la Fraternidad de Spello era un lugar de «desierto espiritual», donde se vivían la acogida y la oración como medios para expresar el amor y la fraternidad.

LXX.
LA COMUNIDAD ECUMÉNICA HOREB
CARLOS DE FOUCAULD

La Comunidad Ecuménica Horeb Carlos de Foucauld es una unión espiritual de personas, ya vivan solas o casadas, sean religiosos o religiosas, sacerdotes, u obispos, que a lo largo y ancho del mundo, bajo el espíritu del *Directorio* de Carlos de Foucauld hacen el compromiso ecuménico de pedir todos los días «por las Iglesias, las Religiones y las Naciones del mundo entero, para que se dejen llevar por el Espíritu que animaba a Jesús de Nazaret, el Cristo». Hoy, gracias a Internet esta comunión y amistad espiritual entre sus miembros se puede expresar más fácilmente gracias a las Noticias y Comunicaciones, que se envían frecuentemente, a un Boletín Ecuménico que se hace todos los meses y a la oración diaria por todos sus miembros, la Familia Espiritual Carlos de Foucauld, la Iglesia y el Papa.

La palabra Horeb o Sinaí, sugiere la palabra «desierto», lugar de la prueba y de la Alianza entre Dios y su pueblo: Lugar donde se descubre la propia vocación y se recibe el propio mandato. La fundación como lugar físico de «acogida y oración» se inició en el año 1978 en el Poblado

---

78 Cfr. JL. VÁZQUEZ BORAU, *Carlo Carretto y las Fraternidades de desierto*, (Independenty published, 2024)

de San Francisco de Huercal-Overa (Almería) y funcionó hasta 1982, en que tuvo que ser disuelta por diversas circunstancias. A partir de la Pascua del año 2006 se ha establecido la Comunidad Ecuménica Horeb-Carlos de Foucauld con los hermanos y hermanas del inicio y otros nuevos que se han ido incorporando de diez y ocho países diferentes, no ya como lugar físico, sino como una ayuda y compromiso espiritual para aquellas personas que acentúan de un modo especial la dimensión del «desierto», es decir, la soledad, la oración, la acogida, el discernimiento espiritual y el estudio, en su propio Nazaret y para la extensión del Reino de Dios; la intercesión ecuménica y el compromiso con la justicia. Si bien las personas que formamos la Comunidad Ecuménica Horeb-Carlos de Foucauld queremos vivir el Evangelio de Jesucristo en su integridad, incorporando los valores de Nazaret (trabajo, amistad, ayuda, progreso, compromiso con la justicia, apostolado de la bondad) y predicando el Evangelio con la propia vida, los miembros de la Comunidad Ecuménica Horeb-Carlos de Foucauld dan una particular relevancia al «tiempo de desierto» (oración, acogida, escucha, estudio, discernimiento, lucha contra el mal), a la intercesión ecuménica y el compromiso con la justicia.

La Comunidad Ecuménica Horeb-Carlos de Foucauld tiene, pues, una triple misión:

A) Ofrecer una ayuda y sostenimiento espiritual, a través de la oración, de los unos para con los otros. Además de los canales tradicionales de comunicación, la posibilidad de relacionarse por medio de Internet, que es un instrumento de comunicación e información de este tiempo, que puede servir, también, para vincular diferentes vocaciones. Además, siguiendo el dinamismo comunitario puede haber encuentros y retiros no reglados.

B) Orar y trabajar por la unión de los cristianos y para que todas las religiones encuentren el verdadero camino que conduce a la Vida, siendo sal y luz en el mundo.

C) Trabajar, comprometidos con la justicia, para que se vaya instaurando en el   mundo el reino de Dios: un reino de Justicia, de Amor y de Paz[79].

---

79 Para contactar con la Comunidad Ecuménica Horeb Carlos de Foucaul: *http://horeb-foucauld.webs.com*

190

CONCLUSIÓN:
EL ABANDONO EN LA DIVINA PROVIDENCIA

Después de este recorrido espiritual del hermano Carlos, de la increencia a la santidad, nos queremos fijar en uno de los aspectos centrales de su espiritualidad: El abandono en las manos del Padre o dicho de otro modo, en su Providencia.

Carlos de Foucauld, mientras se encontraba en la Trapa de Akbès, actual Turquía (1890-1896), para su oración personal realiza una serie de meditaciones de los Evangelios que hacen referencia a la conversación del alma con Dios. Estas meditaciones fueron recogidas por el escritor francés René Bazin en el libro *Escritos espirituales de Carlos de Foucauld ermitaño del sahara, apostol de los tuareg* (Ediciones Studium, Madrid 1958). Al comentar Lc 23, 46 («Padre mío, en tus manos encomiendo mi espíritu»), Foucauld escribe:

«Esta es la última oración de nuestro Maestro, de nuestro Bienamado... Pueda ella ser la nuestra... Y que ella sea, no solamente la de nuestro último instante, sino la de todos nuestros momentos: "Padre mío, me entrego en vuestras manos; Padre mío, me abandono a Vos; Padre, Padre mío, haz de mi lo que os plazca; sea lo que hagáis de mí, os lo agradezco; gracias de todo, estoy dispuesto a todo; lo acepto todo; os agradezco todo; con tal que vuestra Voluntad se haga en mí, Dios mío; con tal que vuestra Voluntad se haga en todas vuestras criaturas, en todos vuestros hijos, en todos aquellos que vuestro Corazón ama, no deseo nada más Dios mío; en vuestras manos entrego mi alma; os la doy, Dios mío, con todo el amor de mi corazón, porque os amo y porque esto es para mí una necesidad de amor: darme, entregarme en vuestras manos sin medida;

me entrego en vuestras manos con infinita confianza, pues Vos sois mi Padre…"»

Esta oración, simplificada es la que rezan todos los días los seguidores del hermano Carlos de Foucauld.

Ahora nos podemos preguntar ¿de qué espiritualidad bebe Foucauld para expresarse así? El historiador Jean François Six cree que la oración de abandono bebe directamente del libro *L'Abandon à la Divine Providence* del jesuita Jean Pierre de Caussade (1675-1751) y lo expresa de la siguiente manera:

> «Hablando del libro del padre De Caussade, *El abandono en la divina Providencia*, decía Charles de Foucauld que era el escrito que más profundamente había marcado su vida. Y se conoce la oración de abandono escrita por el hermano Charles siguiendo esa línea»[80]

Entonces, ¿cuál es el contenido del maestrazgo espiritual del padre De Caussade? Un magnífico estudio, al que seguimos, lo encontramos en el libro del teólogo Adrián Sosa Nuez[81]. Según este profesor, el abandono completo y absoluto a la Divina providencia fue el motivo principal de la vida de Jean Pierre Causade y la nota clave de su dirección de almas expresada en su obra *L'Abandon à la Divine Providence*[82], donde en este Tratado expone dos aspectos diferentes de abandono a la Divina Providencia: «a) como una virtud, común y necesaria para todos los cristianos; b) como un

---

80 J. F. SIX, *Las bienaventuranzas hoy* (Paulinas, Madrid 1986) 16

81 A. SOSA NUEZ, *Aproximación teológica al concepto de Divina Providencia* (Credo Ediciones, Las Palmas de Gran Canaria, 2017)

82 J.P. CAUSADE, *L'Abandon à la Divine Providence* (Le Laurier, París 2018)

estado, propio de las almas que han hecho una práctica especial de abandono a la voluntad de Dios»[83]. Así lo expresa el propio Causade en el apartado XI de su obra:

> «**Abandono perfecto de Jesucristo:** Así pues, si queréis vivir evangélicamente, vivid en pleno y puro abandono a la acción de Dios. Jesucristo es la fuente de este abandono, y "es el mismo ayer y hoy y siempre" [Heb 13,8], para continuar siempre su vida y no para recomenzarla. Lo que Él hizo, hecho está, y lo que resta, lo va haciendo en todo momento. Cada santo recibe una parte de esta vida divina. Jesucristo es siempre el mismo, aunque sea diferente en cada uno de sus santos. La vida de cada santo es la misma vida de Jesucristo, es un Evangelio nuevo»

Así, el principal motivo de los escritos del padre De Caussade es difundir «que es necesario, y muy importante, dejarse llevar por Dios, por medio de lo que la Divina providencia tiene para nosotros previsto y, en efecto, nos ofrece»[84]. Para el jesuita francés, «la acción de Dios es algo constante en la historia de la humanidad y es por ello, porque Dios participa constantemente en esta historia, por lo que podemos reconocerla también como Historia de Salvación»[85]. Para el padre De Caussade, «todas las acciones y momentos de los santos son Evangelio del Espíritu Santo, en el que las almas son el papel, y sus sufrimientos y acciones son la tinta... Los libros que el Espíritu Santo inspira al presente son libros vivientes. Cada alma santa es un volumen, y este Autor celeste va haciendo así una verdadera revelación de su obra interior, manifestándose en todos los

---

83 Ibíd., 53
84 Ibíd., 57
85 Ibíd., 65

corazones y a lo largo de todos los momentos»[86]. Así se expresa el propio Casade en el apartado IV:

«**Dios es quien escribe nuestra vida:** El espíritu de Dios es el que, con la pluma en la mano, sigue escribiendo en el libro abierto de las almas la historia sagrada, que en modo alguno terminó ya, y cuya materia no se agotará hasta el fin del mundo. Esta historia no es sino la crónica del gobierno de Dios y de sus designios sobre los hombres. Y nosotros figuramos en la continuación de esa historia, si unimos nuestros sufrimientos y acciones a su guía. No, no, todo lo que se nos presenta, para hacer o para sufrir, no es para perdernos. Son únicamente medios para que se continúe esta Escritura santa, que se acrecienta todos los días»

Es interesante ver como el padre De Caussade hace referencia a lo que hoy describimos como Inteligencia Espiritual: «Iluminados por la divina inteligencia, se ven acompañados por ella en todos sus pasos, y ella misma les saca de los malos senderos en que entraron por ignorancia»[87]. Así, el alma que se ve en este estado, «no se inclina a ninguna cosa por su propio deseo. Ella solamente sabe dejarse llenar por Dios, y ponerse en sus manos para servir de la manera que Él disponga»[88]. La Divina Providencia, por medio de su acción, va poseyendo el alma de tal forma que «en todas las cosas que van haciendo estas almas, no sienten sino la moción interior para hacerlas, sin saber por qué»[89].

Finalmente, nuestro autor resalta la similitud de los textos del padre De Caussade con el Concilio Vaticano II, ya que ambos defienden que «la vocación a la santidad, y la misma dignidad cristiana, radica en el bautismo, el

---

86 Ibíd. 67
87 Ibíd., 68
88 Ibíd., 72
89 Ibíd., 73

sacramento que nos convierte en cristianos»[90]. Pero el padre De Caussade, sin negar la virtud santificante de los sacramentos, amplia y enriquece la visión de la santidad cristiana hablando del «sacramento del momento presente». Se trata de «aquellas cosas que Dios nos envía a cada momento y de las que nos podemos servir para acercarnos más a Él. Por eso, ningún bautizado, sea católico o no, se sentiría fuera de la invitación que hace Caussade a un verdadero abandono a la Divina providencia»[91]. Y será este último aspecto del «sacramento del momento presente» el que descubrirá Foucauld gracias al P. Caussade, quien escribe en el apartado II:

> «**El momento presente:** El momento presente es siempre como un embajador que manifiesta la voluntad de Dios, y el corazón fiel le responde siempre: *fiat*. Así el alma en todas las alternativas se encuentra en su centro y lugar. Sin detenerse jamás, va viento en popa, y todos los caminos y maneras la impulsan igualmente hacia adelante, hacia lo ancho e infinito: todo es para ella, sin diferencia alguna, medio e instrumento de santidad, en tanto considere siempre que eso que se presenta es lo único necesario (Lc 10,42). No busca ya el alma con preferencia la oración o el silencio, el retiro o la conversación, la lectura o la escritura, ni la reflexión o el cesar de discurrir; no le preocupa el alejamiento o la búsqueda de libros espirituales, o elegir entre abundancia o escasez, enfermedad o salud, vida o muerte. Simplemente, lo que ella busca en todo momento es la voluntad de Dios; lo único que pretende es el despojamiento, el desasimiento, la renuncia a todo lo creado, sea real o solamente

---

90 Ibíd. 90
91 Ibíd., 91

afectiva, no ser nunca nada por sí y para sí, ser siempre en la voluntad de Dios, agradarle en todo, haciendo de la fidelidad al momento presente su única alegría, como si no hubiera otra cosa en el mundo digna de su atención»

Así lo indica el Hermanito de Jesús, Antoine Chatelard, en su libro, *Carlos de Foucauld. El camino de Tamanrasset*[92], donde señala que en una de las cartas que escribe Foucauld a su padre espiritual Huvelin (1869) se ve «exactamente la puesta en práctica de la espiritualidad del momento presente, que ha descubierto en el P. Caussade». Concretamente Foucauld se expresa así:

«¡A cada día su afán; hagamos en el momento presente lo que sea mejor! En todos los momentos que se suceden y que componen la vida, aprovechemos la gracia presente, los medios que Dios da; nada mejor para prepararnos bien para aprovechar las gracias futuras y recibirlas, que usar bien las actuales...»

Que así sea.

---

92 A. CHATELARD, *Carlos de Foucauld. El camino de Tamanrasset* (San Pablo, Madrid 2003)

CRONOLOGÍA

1858: Carlos de Foucauld nace el 15 de septiembre en Estrasburgo (Francia); a los seis años se queda huérfano. Pierde la fe a los diez y siete años.

1876: Ingresa en la Escuela Militar de Saint-Cyr. El subteniente Foucauld marcha hacia Argelia en 1880. Expulsado del ejército por indisciplina y mala conducta, pide reintegrarse al enterarse que su regimiento iba a entrar en combate debido a una insurrección en el Sur de Orán.

1882-84: Preparación y realización del libro *Reconocimiento de Marruecos*, donde explica el viaje de exploración que hizo haciéndose pasar por judío.

1886: Se instala en París. Periodo de búsqueda y de interrogaciones. Quiere encontrar a Dios. A finales de octubre, en la iglesia de San Agustín de París, se confiesa y recibe la comunión de manos del padre Huvelin, produciéndose su conversión. Viaja a Tierra Santa.

1890: Entra en la Trapa, el 26 de enero, en Nuestra Señora de las Nieves. Llamado hacia una más perfecta imitación de la vida de Nazaret, saldrá de la Trapa el 14 de febrero de 1897, después de que sus superiores ratifiquen su vocación.

1897: Llega a Nazaret el 4 de marzo. Vive como criado de las monjas Clarisas de Nazaret («exactamente lo que buscaba»). De este tiempo en Tierra santa son la mayoría de sus escritos, meditaciones y notas espirituales.

1900: Vuelve a Francia el 22 de septiembre. Va a la Trapa de Ntra. Señora de lea Nieves para prepararse para la ordenación sacerdotal que tendrá lugar el día 9 de junio de 1901.

1901: Llega a Beni-Abbes, el 28 de octubre. Durante este periodo su correspondencia va aumentando. Escribe también *El Evangelio presentado a los pobres del Sahara*, y revisa la Regla de los Hermanos y Hermanas del Sagrado Corazón.

1905: Se instala en Tamanrasset. Allí escribe los estatutos para la asociación de hermanos y hermanas del Sagrado Corazón de Jesús, dirigido para sacerdotes, religiosos, religiosas y laicos evangelizadores: *Consejos Evangélicos* o *Directorio*.

1916: El hermano Carlos de Jesús muere el 1 de diciembre violenta y dolorosamente, como había anotado en su diario aquella misma tarde: «vivir como si tuvieses que morir mártir hoy».

BIBLIOGRAFÍA

ABBÉ HUVELIN, *Quelques directeurs d'ames au XVII siecle* (Lecoffre, París 1925)

BAZIN, R., *Charles de Foucauld* (Plon, París 1921)

CASAJAUS, D., «Introducción»: *Canciones tuareg. Recopilado y traducido por Charles de Foucauld* (París, Albin Michel, 1997)

CAUSADE, J. P., *L'Abandon à la Divine Providence* (Le Laurier, París 2018)

CHATELARD, A., *Carlos de Foucauld. El camino de Tamanrasset* (San Pablo, Madrid 2003)

DAIKER, A., *Hermanita Magdeleine* (Sal Terrae, Santander 2003)

DE FOUCAULD, C., *Gramática y diccionario francés-tuareg* (1908); *Diccionario abreviado tuareg-francés (dialecto del Ahaggar)* (1918-1920); *Diccionario abreviado tuareg-francés de nombres propios (dialecto del Ahaggar)* en dos tomos (1918 y 1920, reeditado y ampliado en 1940); *Textos tuareg en prosa (dialecto del Ahaggar)* (1922, reeditados y ampliados en 1984); *Poesías tuaregs (dialecto del Ahaggar)* (1925-1930); *Notas para servir a un ensayo de gramática tuareg (dialecto del Ahaggar)* (1920); *Gramática, diálogos y diccionario tuareg* (1908, publicado en vida de Foucauld bajo el seudónimo de A. de Motylinski); *Diccionario tuareg-francés* (1951, cuatro volúmenes de 2028 páginas, publicado por la Imprenta nacional [Imprimerie nationale] del Estado francés, con la asistencia del gobierno de Argelia; y *Cantos tuaregs* (1997) son el resultado de sus investigaciones dedicadas al conocimiento de los bereberes en general y de los tuaregs del Ahaggar en particular; *Écrits spirituels* (de Gigord, París 1923); *Explicación del Evangelio* (Beni Abbés, 22 de noviembre 1903); *Reconnaisance au Maroc* (SEGMC, París 1939); *Méditations sur l'Ancien Testament* (Roma 1896); *Charles de Foucauld intime* (La Colombe, París 1952); *Lettres à Raymond de blic* (Bonne Presse, París 1947); *Nouveaux écrits spiritels*

(Plon, París 1952); *Retraite d'Ephrem* (SEGMC, París 1939); *Méditations des Saints Évangiles sur les passages relatifs à quinze vertus* (Nazaret 1897-1898); *Le Modèle Unique* (Publiroc, Marsella 1935); *Escritos espirituales* (prefacio: René Bazin) (Herder, Barcelona 1979); *Lecture commentée sur le saint Évangile* (Nazaret 1897); *Petites remarques sur la sainte Bible* (Nazaret 1898); *Méditations sur les saints Évangiles* (Nazaret 1897-1899)

FOUCAULD, CHARLES DE/GORRÉE GEORGES, *Charles de Foucauld intime* (La Colombe, Editions du Vieux Colombier, París 1952)

FOUCAULD-HUVELIN, *Correspondance inédite* (Desclée, Tournai 1957)

FRANCHESCHI, G., *Charles de Foucauld* (Dedebech, Buenos Aires, 1950)

GIBERT-LAFON, A., *Échos des entretiens de l'Abbé Huvelin* (Roblot, París 1917)

GIRÓ, R., «Albert Peyriguère»: *Jesus Caritas* n° 22 (Murcia 1980)

HUVELIN, ABBÉ., *Quelques directeurs d'âmes au XVIIe. siecle* (Lecoffre, París 1925)

GORRÉE,G., *Sur les traces du père de Foucauld* (La Colombe, París 1953)

LAPERRINE, *Revue de Cavalcrie* (octubre 1913)

MARITAIN, J., *Approches de Dieu* (Alsatia, París 1953)

PEYRIGUERE, A., *Los caminos de Dios* (Nova Terra, Barcelona 1968)

REYDON, J.B., *Dom Policarpe* (Gervais-Bedot, París 1897)

SANTA TERESA DE JESÚS, *Fundaciones* cap. XVII (BAC, Madrid 2002)

SIX, J. F. *Carlos de foucauld, itinerario espiritual* (Herder, Barcelona 1988); *Las bienaventuranzas hoy* (Paulinas, Madrid 1986)

SOSA NUEZ, A., *Aproximación teológica al concepto de Divina Providencia* (Credo Ediciones, Las Palmas de Gran Canaria, 2017)

VÁZQUEZ BORAU, JL., *Louis Massignon místico cristiano y profeta del Islam* (Anawim, Madrid 2024); *Carlo Carretto y las Fraternidades de desierto* (Independenty published, 2024); *René Voillaume y las Fraternidades del padre Foucauld* (Fundación Emmanuel Mounier, Madrid 2024)

EDITORIAL ANAWIM

Quiénes somos

Sencillamente somos un pequeño grupo de cristianos, católicos, que hemos conocido el Amor de Dios. No sólo a nosotros sino a toda persona llamada a la existencia... y en un misterio cósmico que un día se revelará tras los dolores de parto, un Amor que envuelve y transfigura a toda criatura.

Esta vivencia, que ya ha trastocado todas nuestras vidas, es el motor de esta pequeña editorial. Una editorial que quiere estar atenta a los dolores del mundo, a ese caudal de sufrimiento que nadie puede calcular. Y a los destellos de belleza y de bondad que asoman por doquier, y a las esperanzas y alegrías de todas las gentes.

Qué pretendemos

En comunión con la Iglesia, con la conciencia de que sus llamadas más candentes, más ardientes, más comprometedoras, son desconocidas o situadas en un segundo plano en el alma de muchos hermanos. Así pues, una editorial para intentar, humildemente y confiando en la acción misteriosa de la Providencia, dar luz sobre unas «enseñanzas sociales» transidas de amor sobrenatural y de un lenguaje religioso personalista que remite al Señor de la Historia, Jesucristo...

Antiguas inquietudes que conservan todo su valor y vigor originales; personajes desconocidos, sorprendentemente desconocidos, y cuyas vidas son como una inaudita bocanada de esperanza y de verdad; nuevos retos, profundos, complejos, reducidos al fin a la sencillez de la respuesta del amor a cada cual... Todo con sabor a rebeldía, a disidencia, a la alegría del abandono en Dios a través de las luchas por un mundo justo y pacificado, hermanado a la sombra del Padre.

Todas las batallas que el papa Francisco ha expresado en la encíclica *Fratelli tutti*, todos los ámbitos de relación, con Dios, consigo, con los otros, con el universo... La no violencia activa y orante; la lucha por la paz; la justicia y la mística de la revolución social; el amor preferente por los últimos y los descartados; el inmenso y acallado mundo de los presos y prisioneros; los pueblos indígenas como custodios de sabidurías y últimos guardianes del paraíso acosado por la destrucción; las víctimas de los racismos y los combates por el honor y la libertad de todos; el universo de los adictos que aboca a los amores gratuitos; la dignidad de la mujer y el despliegue de todas sus específicas potencialidades; la complejísima e irresoluble cuestión de la identidad de los pueblos y el universalismo, solo abordable desde el espíritu con el que el Espíritu ungió a Gandhi; el mundo de las discapacidades y la justicia social y la voz que nos dice miremos a la persona en sí; los retos de la bioética desvinculados tanto de blasfemas sumisiones a la cultura dominante y sus leyes como de encorsetamientos conservadores... Y el ecumenismo de la pasión por el hombre, que nos conduce a encontrarnos en los caminos del sufrimiento con los hermanos separados. Y el rastrear huellas del Espíritu allí donde se manifiesten, en las religiones, en las culturas... El misterio de Israel, la fraternidad sobrenatural con las gentes del islam... Y la belleza de la Creación, el desafío de la suciedad, la desarmonía, la extinción...

Una mirada de tensión universal desde el misterio de la Iglesia, donde se abisman y se sacramentalizan los anhelos verdaderos de todo hombre y mujer, en todas las edades y latitudes.

Unos modos

Entonces... desproporción absoluta: desde la insignificancia y la pequeñez, pretensiones totales, querer llegar a escalar en medio de cánticos subversivos «las colinas creadoras de la protesta» (Martin Luther King), rodeados de una nube de testigos, como dice la Escritura.

Y en esta pequeñez agraciada cuidar los signos: un espíritu no lucrativo, querer ayudar a otros, si Dios lo permite y lo bendice, mediante la creación de trabajos vinculados a la marcha de la editorial. Permitir, por supuesto, la reproducción total o parcial de lo publicado. Usar de materiales lo más respetuosos posible de los dinamismos vitales de la «Hermana Madre Tierra» (San Francisco). Estar abiertos a la sorpresa respecto a las iniciativas.

OTROS TÍTULOS DE LA EDITORIAL